Jakobine Wierz

# Kreativität fördern – Intelligenz entwickeln

Spiele und Übungen zur Förderung kognitiver, sozialer und emotionaler Intelligenz

Illustration: Kasia Sander

Ökotopia Verlag, Münster

# Impressum

**Autorin:**  Jakobine Wierz

**Lektorin:**  text.[Marke] Katja Müllenmeister

**Illustratorin:**  Kasia Sander

**Satz:**  Hain-Team, Bad Zwischenahn

**ISBN:**  978-3-86702-113-5

© 2010 Ökotopia Verlag, Münster

1 2 3 4 5 6 7 8 9 10 11 12 · 15 14 13 12 11 10

# Inhalt

**Einleitung** .................................................. 4

**Kindliches Lernen und Kreativität** ............................ 7
   Die Funktionsweise des Gehirns ............................. 7
   Kreativitätsförderung – ein Muss für kindliche Lernprozesse ... 9
   Ein kreativitätsförderliches Klima schaffen ................. 10

**Kreativ & klug durch *Sensibilität*** ......................... 11
   Aktivitäten zur Förderung des aufmerksamen Umgangs mit sich selbst und der Umwelt

**Kreativ & klug durch *Assoziationsfähigkeit*** ................ 25
   Aktivitäten zur Förderung freier und schöpferischer Gedankenverbindungen

**Kreativ & klug durch *Flexibilität*** ......................... 33
   Aktivitäten zur Förderung von Beweglichkeit im Denken und Handeln

**Kreativ & klug durch *Spontaneität*** ......................... 41
   Aktivitäten zur Förderung freien und unmittelbaren Handelns

**Kreativ & klug durch *Individualität und Originalität*** ...... 50
   Aktivitäten zur Förderung der Einzigartigkeit und Unverwechselbarkeit

**Kreativ & klug durch den *Mut, andere Wege zu gehen*** ........ 60
   Aktivitäten zur Förderung der Eigenständigkeit und Souveränität

**Kreativ & klug durch *Konflikttoleranz*** ..................... 71
   Aktivitäten zur Förderung des konstruktiven Umgangs mit Konflikten

**Kreativ & klug durch den *Mut, sich zu äußern*** .............. 79
   Aktivitäten zur Förderung der Selbstsicherheit und der Kommunikationskompetenz

**Kreativ & klug durch *Analyse- und Synthesefähigkeit*** ....... 89
   Aktivitäten zur Förderung kognitiver Denkprozesse

**Methodenkoffer Kreativitätsförderung** ........................ 99

**Anhang** ..................................................... 109
   Register .................................................. 109
   Literatur ................................................. 110
   Die Autorin ............................................... 111
   Die Illustratorin ......................................... 111

# Einleitung

Bewegungsmangel, Leistungsdruck, Überforderungen, emotionale Belastungen, Konsumrausch und Spielzeugberge kennzeichnen die Welt der Kinder in unserer Gesellschaft. Wirklichkeit erleben die Kinder verstärkt aus „zweiter Hand", statt sie als Primärerfahrung in sich aufzusaugen. Die visuelle und akustische Wahrnehmung werden ständig überreizt, dabei bleiben die übrigen Sinne auf der Strecke. Unsere Kinder leben in künstlichen Welten und haben kaum noch Spielraum, um eigene Erfahrungen zu machen. Die sie einlullende Medienwelt fördert Passivität, statt Kinder zur Aktivität anzuregen. Konsum und der scheinbare Wert von Markenprodukten verdrängen eigenes wertschätzendes kreatives Tun.

Dies liegt vor allem daran, dass der Kreativitätserziehung in der aktuellen Bildungsdiskussion noch immer ein zu geringer Stellenwert für kindliche Lern- und Bildungsprozesse zugesprochen wird. Zwar befassten sich bereits Fröbel, Freinet, Montessori, Steiner und Malaguzzi mit der sinnlichen Wahrnehmung als wichtiger Voraussetzung für die Entwicklung der Kinder, doch wird die Relevanz der Kreativitätserziehung für kindliche Bildungsprozesse erst aktuell wahrgenommen.

In der Vergangenheit sind in der (vor-)schulischen Bildung der Kinder viele Fähigkeiten vernachlässigt worden, die für die Gesellschaft des 21. Jahrhunderts unabdingbar sind und die darüber hinaus wesentliche Bestandteile der Kreativität darstellen. Dazu zählen Spontaneität, Flexibilität, Sensibilität, Assoziationsfähigkeit, Konflikttoleranz, Individualität, Wertorientierung, Teamfähigkeit, der Mut, sich zu äußern, oder die Fähigkeit quer und vernetzt zu denken – um nur einige zu nennen. Diese Fähigkeiten sind wichtige Kompetenzen, nicht nur um Kinder in ihrer kognitiven Intelligenz, sondern auch in ihrer emotionalen Intelligenz zu fördern. Im Mittelpunkt steht der ganze Mensch, seine Persönlichkeitsbildung.

Kinder, die kreativ sein dürfen – experimentieren, suchen und sammeln, entdecken und verfremden, darstellen und gestalten dürfen –, haben bessere Chancen ihren Intellekt und ihre Emotionen zu entwickeln. Unsere Kindergärten und Schulen sollten daher den Zusammenhang zwischen Greifen und Begreifen, zwischen Ursache und Wirkung in den Vordergrund stellen, um den Kindern die von der Gesellschaft geforderten Kenntnisse und Fertigkeiten vermitteln zu können.

## Arbeitsweise mit dem Buch

Das vorliegende Buch möchte eine Brücke zwischen kreativem Ausdruck und kognitiven Prozessen beim Lernen schlagen. Denn die ursprüngliche Kreativität und Flexibilität zeigt sich nämlich gerade im Denken und Handeln (vgl. Braun 1999, 15 ff.). Dazu sollen zunächst in einem ersten Schritt die wichtigsten Zusammenhänge zwischen Kreativität und Lernprozessen dargestellt werden.

Um die natürlichen Impulse des Kindes zu bestärken und den kreativen Umgang mit der Umwelt zu fördern, muss Kreativitätserziehung möglichst alle Aspekte der Kreativität berücksichtigen. Eine ausführliche Liste der wichtigsten Merkmale kreativer Persönlichkeiten lieferte bereits Guilford im Jahre 1950 (vgl. Seitz 1998, 45 ff.):

- Kreative Menschen verfügen über ein hohes Maß an **Sensibilität.**
- Kreative Menschen verfügen über ein hohes Maß an **Flexibilität.**

*Einleitung*

- Kreativen Menschen fällt es leicht, zu **assoziieren**.
- Kreative Menschen sind Originale im Sinne von **Individualität**.
- Kreative Menschen reagieren **spontan**.
- Kreative Menschen haben **Mut, sich zu äußern**.
- Kreative Menschen **bringen Dinge zu Ende**.
- Kreative Menschen sind in der Lage, sich **Dinge anders vorzustellen**.
- Kreative Menschen besitzen eine höhere **Konflikttoleranz**.
- Kreative Menschen sind fähig zu **Analyse und Synthese**.
- Kreative Menschen haben **Humor**.

Diese Kategorien der Kreativität liefern das Gerüst für das vorliegende Buch. Zu den wichtigsten Kategorien – Sensibilität, Flexibilität, Assoziation, Individualität, Spontaneität, Mut, andere Wege zu gehen, Konflikttoleranz, Mut, sich zu äußern, und Analyse- und Synthesefähigkeit – werden eine Vielzahl an Spielen und Übungen beschrieben, die Kinder dazu ermuntern, ihre kreativen Potenziale zu nutzen und auszubauen.

Wenn Kreativität bedeutet, neue Denkwege einzuschlagen, dann muss im Kindesalter bereits der Nährboden dafür bereitet werden. Dieser Nährboden braucht verschiedene Dünger, um das kleine Pflänzchen der Kreativität zum Wachsen zu bringen. So hat Kreativitätserziehung folgende **Aufgaben** (vgl. Kleinschmidt 1996, 29-35):

- **Materialerfahrung** zu ermöglichen;
- **Grob- und Feinmotorik** zu fördern;
- **soziales Verhalten** zu fördern;
- **Wahrnehmungsfähigkeit** zu fördern;
- **Selbsterfahrungsprozesse** in Gang zu setzen;
- **Konzentrationsfähigkeit** zu fördern;
- **Lern- und Intelligenzentwicklung** zu fördern;
- **Fantasie und schöpferische Expressivität** anzuregen;
- **Persönlichkeitsentwicklung** zu unterstützen.

Das Buch greift diese unterschiedlichen Lernerfahrungen auf. Als „Bildungsaspekt" (symbolisiert durch 💡) werden sie jedem Spiel und jeder Übung nachgestellt, um den Leserinnen und Lesern die Einordnung der Spiele und Übungen in die genannten Bereiche zu erleichtern.

Wie kann Kreativitätserziehung aber konkret gelingen? Welche altersgerechten Aktivitäten unterstützen die Kinder dabei, sich kreativ mit ihrer Umwelt auseinanderzusetzen? Grundsätzlich gilt: Kinder brauchen die Möglichkeit, selbstständig Erfahrungen zu machen, ohne dass das Ergebnis dieser Erfahrungen von einem Erwachsenen bereits vorweggenommen wird. Die Institutsleiterin der Gesellschaft für Ganzheitliches Lernen in Köln, Dr. Charmaine Liebertz, hebt hervor: „Unsere Kinder brauchen Lernprozesse, bei denen Erfahren, Entdecken und Erforschen am Anfang stehen. Sie brauchen Lernprozesse, die Bewegung, Sinneswahrnehmung und Erkenntnis effektiv verknüpfen" (Liebertz 1999, 41). In der Planung verschiedener Angebote können folgende von Daniela Braun im Handbuch der Kreativitätserziehung erarbeiteten Arbeitsmethoden als Stimulationsimpuls dienen (vgl. Braun 1999, 6 ff.):

- Geben Sie den Kindern die Möglichkeit, Dinge **zu suchen und zu sammeln.**
- Geben Sie den Kindern die Möglichkeit, zu **experimentieren.**
- Geben Sie den Kindern die Möglichkeit, **selbstständig Dinge zu entdecken.**
- Geben Sie den Kindern die Möglichkeit, **selbstständig Dinge zu erfinden.**
- Geben Sie den Kindern die Möglichkeit, **Dinge zu verändern und zu verfremden.**
- Geben Sie den Kindern die Möglichkeit zur **Darstellung.**
- Geben Sie den Kindern die Möglichkeit zum **Gestalten.**

Um im Buch eine schnelle und einfache Einordnung der beschriebenen Aktivitäten unter die genannten Arbeitsmethoden zu ermöglichen, werden diese am Ende des jeweiligen Spiels unter dem Stichwort „Kreative Methoden" (symbolisiert durch 🧩) aufgeführt.

Das Buch schließt ab mit einer Auflistung verschiedener Kreativitätstechniken, die in der Arbeit mit Kindern und im Team eingesetzt werden können.

Kreativität ist einer der wichtigsten Antriebe für das Lernen. Wer nicht neugierig ist, neue Dinge ausprobieren möchte und dabei eigene Wege gehen möchte, der lernt auch nicht. Das vorliegende Buch verbindet aktuelle Ergebnisse der Lernforschung mit handlungsorientierten Inhalten der Spielpädagogik. Ziel der im Buch beschriebenen Spiele und Übungen ist es, Kindern die natürliche Freude am kreativen Tun zu erhalten und sie dabei zu unterstützen, kreative Potenziale besser auszuschöpfen.

# Kindliches Lernen und Kreativität

## Die Funktionsweise des Gehirns

Unser Gehirn ist der Teil unseres Körpers, in dem die komplexen Vorgänge des Denkens, Fühlens und Wahrnehmens gesteuert werden. Dank der neueren Gehirnforschung ist es möglich, diese neurologischen Prozesse sichtbar zu machen und die neuronale Vernetzung der Nervenzellen im Gehirn darzustellen.

Zwar sind bei der Geburt eines Kindes fast alle Nervenzellen bereits vorhanden, doch zunächst sind sie noch nicht miteinander verbunden. Alles, was Kinder beschäftigt und was sie mithilfe ihrer Sinne wahrnehmen, erreicht in Form von elektrischen Impulsen das Gehirn. Die Impulse werden über Nervenfasern weitergeleitet und weiterverarbeitet. In der Folge werden Verbindungen – sogenannte Synapsen – zwischen den Nervenzellen hergestellt. Das aktive Wahrnehmen und die Bewegung, alle Erfahrungen, die gesammelt werden, führen also bei Kleinkindern dazu, dass Nervenzellen sich verbinden und neuronale Netze entstehen – das Kind lernt.

Durch diese neuronalen Vernetzungen entsteht nach und nach ein engmaschiges Netz aus Nervenzellen. Die Erfahrungen, die das Kind bereits gemacht hat, werden so permanent mit neuen Erfahrungen verknüpft. Erfahrungen sind somit die Nahrung unseres Gehirns. Nach und nach erhalten die Nervenfasern zudem eine Isolierung durch die sogenannte Myelinschicht. Mit zunehmender Isolierung steigt die Geschwindigkeit der Reizweiterleitung, wodurch wir Informationen immer schneller verarbeiten können. Vergrößert sich die Kontaktfläche, kommt es ebenfalls zu einer qualitativ besseren Reizweiterleitung.

Aber nur, wenn das Gehirn immer wieder neue und abwechslungsreiche Kost erhält, ist der Mensch in der Lage:
- die Gehirninfrastruktur weiterzuentwickeln;
- für Wohlbefinden von Seele, Geist und Körper zu sorgen;
- sich zu einem denkenden, vorausschauenden Wesen zu entwickeln;
- planvoll zu handeln;
- das eigene Verhalten zu steuern;
- sich Situationen anzupassen;
- sich zielgerichtet zu verhalten;
- Werte aufzubauen und schätzen zu lernen.

Unser Großhirn setzt sich aus zwei spiegelbildlich nebeneinander liegenden Hemisphären zusammen. Der links gelagerten Hemisphäre werden eher Eigenschaften wie logisch, rational und kognitiv zugeordnet, während bei der rechten Gehirnhälfte eher von der kreativen Hälfte unseres Gehirns (siehe Schaubild) gesprochen wird:

### Linke Gehirnhälfte
- Sie arbeitet logisch, gliedernd, analysierend.
- Sie plant, stellt Regeln auf und ordnet.
- Sie denkt in Begriffen, Sprache, Buchstaben, Wörtern und Sätzen.
- Sie registriert und speichert alle Informationen der Reihe nach ab.
- Sie ist am Detail interessiert.
- Sie denkt zielgerichtet.

### Rechte Gehirnhälfte
- Sie reagiert spontan, intuitiv, kreativ und fantasiereich.
- Sie fühlt.
- Sie lässt sich auf Neues ein und improvisiert.
- Sie denkt in Bildern.
- Sie registriert nicht das Detail, sondern erfasst ganzheitlich.
- Sie lässt sich ein, assoziiert und genießt.

Beide Hälften sind durch einen dicken Nervenstrang, den sogenannten Balken, miteinander verbunden. Die rechte Hemisphäre steuert die linke Körperhälfte und die linke Hemisphäre die rechte Körperhälfte.

Ganz gleich, ob wir eher durch unsere linke oder rechte Gehirnhälfte geprägt sind, ein Ungleichgewicht zwischen beiden Hemisphären führt immer dazu, dass wir uns in der Umwelt und Gesellschaft schlechter zurechtfinden. Je größer das Gleichgewicht zwischen beiden Hemisphären, desto besser gelingt es uns im Alltag, auf beide Gehirnhälften zurückzugreifen. Mit anderen Worten: Unser Gehirn bringt dann optimale Leistung, wenn wir es dahin gehend trainieren, zwischen beiden Gehirnhälften hin- und herzuschalten. Eine Möglichkeit, diese Zusammenarbeit beider Gehirnhälften zu fördern, ist die Kreativitätsförderung.

# Kreativitätsförderung – ein Muss für kindliches Lernen

Bereits zwischen dem sechsten und dem neunten Lebensmonat vernetzen sich die rechte und die linke Gehirnhälfte des Säuglings. Ganz selbstverständlich nutzen Kleinkinder ihre beiden Gehirnhälften optimal aus – ohne Dominanz der linken oder der rechten Hälfte. Je mehr neuronale Schaltstellen durch neue Herausforderungen und Aufgabenstellungen im Gehirn des Kindes aktiviert werden, desto förderlicher für das Kind. Es lernt, zu lernen und vernetzt zu denken.

Wie bereits zu einem früheren Zeitpunkt erwähnt, schadet das Erziehungs- und Schulsystem dem Erhalt der natürlichen Kreativität eher, als dass es ihn bewahrt. Dies gilt auch für den Aufbau kognitiver Strukturen im Gehirn. Unser heutiges Bildungssystem fördert vor allem das linkslastige Denken.

Vergessen und Desinteresse sind dann vorprogrammiert, wenn beim Lernen nur die logischen und rationalen Aspekte der Wissensaufnahme berücksichtigt werden, denn wir speichern nur das langfristig, was beide Gehirnhälften gemeinsam verarbeitet haben. Birkenbihl schreibt dazu in ihrem Buch „Stroh im Kopf": „Wussten Sie eigentlich, dass Lernprozesse, wie alle Überlebens-Mechanismen zunächst mit Lustgefühl verbunden sind? Kinder erleben angenehme Gefühle, wenn sie die Welt untersuchen oder wenn sie ihre Umwelt nachahmen. Erst wenn diese Umwelt das Lernen-Wollen immer wieder bestraft, werden solche Aktivitäten mit Unlust assoziiert" (Birkenbihl 1994, 19). Unlust entsteht dann, wenn Kinder in Schablonen gepresst werden, statt sie zu eigenem kreativem Tun zu veranlassen: „Dadurch aber wird die angeborene Fähigkeit zum Lernen unterdrückt! Man wird zum Gehirnmuffel gemacht" (Birkenbihl 1994, 19).

Schauen wir uns die wichtigsten Lernabschnitte an, so wird deutlich, dass diese in engem Zusammenhang mit den vier Phasen des kreativen Prozesses stehen:

| LERNABSCHNITTE | PHASEN DES KREATIVEN PROZESSES |
| --- | --- |
| Reizaufnahme | Problemphase |
| Denken | Suchphase |
| Behalten | Lösungsphase |
| Anwenden | Verwirklichungsphase |

**Die Reizaufnahme** ist Nahrung für das Gehirn. Sie besteht im Wahrnehmen einer Aufgabenstellung. Mit der Aufgabenstellung stellt sich zugleich auch das Erkennen eines Problems ein. Der kreative Mensch durchlebt die **Problemphase**.

Das **Denken** und das Grübeln helfen dabei, neues Wissen mit altem Wissen zu verknüpfen. Der kreative Mensch sucht nach Lösungsmöglichkeiten. Er befindet sich in der **Suchphase** nach geeigneten Lösungen und Ideen.

Das **Behalten** besteht im Wiedererkennen von bereits gespeichertem Wissen und dem Verknüpfen mit neuem Wissen. Beziehungen werden hergestellt. Die **Lösungsphase** des kreativen Menschen beginnt, sobald einige Ideen in die nähere Auswahl kommen und auf Konsequenzen überprüft werden.

Das **Anwenden** besteht im Übertragen des Gespeicherten auf das Handeln. Für den kreativen Menschen beginnt nun die **Verwirklichungsphase**. Er entscheidet sich für eine Idee und entwickelt Strategien für deren Umsetzung. Er setzt die Idee in die Tat um.

Es zeigt sich, dass Lernprozesse und kreative Prozesse nahezu deckungsgleich ablaufen. Es liegt daher auf der Hand, die Kreativitätsförderung nicht nur primär zur Anregung der kindlichen Kreativität zu nutzen, sondern auch als ganzheitliches Förderkonzept zu verstehen, das auch die Förderung sozialer Kompetenzen und der Eigenverantwortlichkeit mit einbezieht.

# Ein kreativitätsförderliches Klima schaffen

Damit Kinder ihre Kreativität ausleben können, müssen bestimmte Rahmenbedingungen erfüllt sein. Um ein kreativitätsförderliches Klima zu schaffen, sind daher gewisse Vorüberlegungen von Bedeutung:

- Wie soll der Raum aussehen, in dem die Übung durchgeführt wird? Insbesondere Räume mit wenig Ablenkung wirken stimulierend für kreativitätsfördernde Übungen.
- Zu viele äußere Reize lenken ab und blockieren den Spielfluss.
- Fühlen sich die Kinder angenommen? Nur dann, wenn die Kinder nicht unter Versagensängsten leiden oder unter zu hohem Erwartungs- und Leistungsdruck stehen, sind sie offen, sich auf kreative Angebote einzulassen. Das impliziert auch, dass Kinder sich untereinander nicht be- oder verurteilen.
- Spott und Zynismus sind tabu.
- Welche Zeitspanne ist für die Übung eingeplant? Die Kinder benötigen Zeit, um sich kreativ einzubringen. Zeitdruck stellt oftmals eine Blockade für Kreativität dar.
- Welches Verhalten des Pädagogen ist wünschenswert? Der Pädagoge hat eine begleitende und unterstützende Funktion, ist Impulsgeber und Anleiter. Er motiviert die Kinder, begonnene Dinge zu vollenden. Er kritisiert nicht, sondern ermutigt zu individuellen Lösungsmöglichkeiten; jeglicher Zwang zu Konformität behindert das Ausleben der Kreativität.
- Hände weg von schablonenhaften Übungen!

# Kreativ & klug durch
## *Sensibilität*

**Aktivitäten zur Förderung des aufmerksamen Umgangs mit sich selbst und der Umwelt**

Die Förderung und Entwicklung der Sensibilität führt zu mehr Kreativität beim Kind und unterstützt zudem seine Intelligenzentwicklung. Was bedeutet Sensibilität in diesem Zusammenhang?

### Wahrnehmungssensibilität

Unter Wahrnehmungssensibilität wird die Fähigkeit verstanden, die Welt mit offenen Sinnen zu betrachten. Das bedeutet, stets genau hinzuhören und -zusehen, aber auch den Tastsinn bewusst einzusetzen. Darüber hinaus stellen auch Geruchssinn und Geschmackssinn wichtige Wahrnehmungsbereiche dar, die das Bild, das wir uns von unserer Welt machen, beeinflussen.

### Emotionale Sensibilität

Emotionale Sensibilität hängt eng mit eigenen Empfindungen zusammen und führt so zu Selbsterfahrungsprozessen, durch die sich die eigene Persönlichkeit weiterentwickeln kann. Durch die Beschäftigung mit Arbeitsimpulsen, die die emotionale Sensibilität berücksichtigen, wird den Kindern bewusst, was sie in Bezug auf bestimmte Sachen oder Menschen fühlen: Was ist angenehm oder unangenehm für mich? Was tut mir gut, was nicht? Was verletzt mich oder andere? Wer oder was ist mir wichtig, mit wem oder was muss ich wertschätzend umgehen?

## Problemsensibilität

Hinter Problemsensibilität verbirgt sich die Fähigkeit, Probleme zu erkennen, sie zu ertragen und sich ihnen zu stellen, um sie zu lösen. Gezielte Übungen können Kinder langsam an immer komplexere Problemstellungen heranführen, sie bei der Entwicklung unterschiedlicher Lösungsansätze unterstützen und ihnen so helfen, Probleme zu bewältigen. Das Ziel ist der Aufbau von Problemlösungskompetenz.

## Soziale Sensibilität

Soziale Sensibilität heißt, Einfühlungsvermögen im Umgang miteinander zu entwickeln, um soziale Kompetenz zu erwerben. Wie kann ich auf andere zugehen, wie miteinander arbeiten? Wie und wann nehme ich auf andere Rücksicht? Kann ich immer meinen Kopf durchsetzen oder muss ich auch mal nachgeben? Dies sind Beispielfragen, die sich Kinder im Rahmen der Entwicklung von sozialer Sensibilität stellen.

Das nachfolgende Kapitel umfasst spielerische und gestalterische Möglichkeiten für Kinder, die eigene Sensibilität zu erproben. So erwerben sie sich wichtige Schlüsselkompetenzen, die die Grundlage für die Entwicklung von Kreativität und Intelligenz darstellen.

### Schwerpunkt: Wahrnehmungssensibilität

## Rückenrennbahn

**Material:** Stifte, Zeichenpapier, Klebeband, Spielzeugauto
**Alter:** ab 4 Jahren

Die Kinder bilden Paare. Eines der Kinder spielt einen Maler, das andere Kind stellt einen Rennfahrer dar. Das malende Kind sitzt an einem Tisch. Vor ihm liegen ein Stift und Zeichenpapier, das mit Klebeband im Hochformat am Tisch fixiert ist. Der Rennfahrer steht hinter dem malenden Kind. In seiner Hand befindet sich ein Spielzeugauto. Ihm steht eine besondere Rennstrecke zur Verfügung, der Rücken seines Spielgefährten. Der Rennfahrer führt das Auto so kurvenreich wie möglich über den gesamten Rücken des Mitspielers. Das malende Kind konzentriert sich auf die Wegstrecke, die das Auto auf seinem Rücken zurücklegt und überträgt sie nach Gefühl zeitgleich auf das Papier. Der Rennfahrer achtet während des Spiels darauf, dass er das Auto nicht zu schnell über den Rücken des Spielgefährten bewegt, damit dieser genügend Zeit hat, die genaue Wegstrecke zu erfühlen. Er beobachtet daher genau, ob der Maler das Auto lokalisiert hat und die Wegstrecke des Spielzeugautos mit dem Stift nachempfinden kann.

 Experimentieren, selbstständiges Entdecken Grob- und Feinmotorik, soziales Verhalten, Wahrnehmungsfähigkeit, Selbsterfahrungsprozesse, Konzentrationsfähigkeit

## Raumwelten

*Diese Aktivität bietet sich vor allem für Ausflüge mit Kindern an. Die Kinder lernen, mit allen Sinnen wahrzunehmen und Kleinigkeiten zu entdecken.*

**Spielort:** z.B. Keller, Atelier eines Künstlers, Heuschober, Stall, Theater, Kirche, Tunnel
**Alter:** ab 4 Jahren

Die Kinder betreten einen unbekannten Raum und erkunden ihn: Sie sehen sich alles genau an, lauschen auf Geräusche, riechen und tasten alles ab. Gemeinsam finden sie Antworten auf folgende Fragen:
- Wie groß ist der Raum? – Mit wie vielen Schritten kann er durchquert werden?
- Wie hoch ist die Decke? – Ist sie besonders verziert?
- Wo ist es dunkel, wo hell, woher kommt das Licht? – Um welche Lichtquelle handelt es sich? Gibt es Schatten im Raum?
- Welche Farben befinden sich im Raum?
- Welche Geräusche kann man hören? – Gibt es ein Echo, wenn man ruft?
- Wie riecht der Raum?
- Wie warm oder kalt ist es im Raum?
- Wie fühlen sich die Wände und Böden an (rauglatt, kalt-warm, feucht-trocken)? – Aus welchem Material sind sie?

 Suchen und Sammeln, selbstständiges Entdecken
 Wahrnehmungsfähigkeit, Selbsterfahrungsprozesse, Konzentrationsfähigkeit

## Knick in der Optik

*Das Experimentieren mit optischen Instrumenten schult die Wahrnehmung der Kinder. Sie erfahren, dass durch optische Hilfsmittel die Wahrnehmung von Gegenständen und der Umgebung verändert wird.*

**Material:** optische Instrumente (z.B. Fernglas, Lupe, Opernglas, Mikroskop, Spiegelfolie, Brillen mit unterschiedlichen Stärken und Gläserfarben, Kaleidoskop, Overheadprojektor), Materialien zum Betrachten (z.B. tote Insekten, Haare, Textilfasern, kleine Gräser)
**Alter:** ab 4 Jahren

Die Spielleitung baut auf einem Experimentiertisch verschiedene optische Instrumente auf und legt unterschiedliche Gegenstände und Materialien bereit. Die Kinder suchen sich jeweils ein Instrument aus, erkunden seine Funktionsweise und untersuchen Gegenstände, Materialien oder ihre Umgebung mit den Instrumenten: Was passiert, wenn ein Gegenstand durch ein bestimmtes Instrument betrachtet wird – wird er verkleinert, vergrößert oder verzerrt? Wie verändert sich die Umgebung, sobald sie durch ein bestimmtes Instrument wahrgenommen wird – verändert sich die räumliche Wahrnehmung, Nähe und Distanz? Die Kinder tauschen sich über ihre Erfahrungen aus. Wird ein Gerät langweilig, können die Kinder zum nächsten Gerät wechseln. Die Kinder betrachten
- ihre Umgebung durch das Kaleidoskop,
- die Landschaft mit dem Fernglas,
- die Umgebung durch farbige Brillen oder Brillen mit unterschiedlichen Sehstärken,
- die Insekten unter der Lupe,
- Gräser und Textilfasern unter dem Mikroskop oder mithilfe des Overheadprojektors,
- weit Entferntes durch das Opernglas,
- sich selbst verzerrt in der unterschiedlich gewölbten Spiegelfolie.

 Suchen und Sammeln, Experimentieren, selbstständiges Entdecken
 Wahrnehmungsfähigkeit, Selbsterfahrungsprozesse, Konzentrationsfähigkeit

## Hörmikado

**Material:** unterschiedliche klingende Gebrauchsgegenstände und Materialien (z. B. Töpfe, Deckel, (Holz-)Löffel, Suppenkelle, Butterbrotpapier, Alufolie)
**Alter:** ab 4 Jahren

Die Kinder machen sich auf die Suche nach verschiedenen Materialien und Gegenständen, die Geräusche und Klänge erzeugen. Sie legen sie in der Mitte des Stuhlkreises kreuz und quer, über- und nebeneinander ab, bis ein großer unordentlicher Haufen entstanden ist. Die Kinder dürfen nun der Reihe nach einen Gegenstand aus der Mitte wieder entfernen. Dabei achten sie darauf, dass beim Wegnehmen keine Geräusche entstehen:

- Welcher Gegenstand kann problemlos entfernt werden, ohne dass ein anderer laut zu Boden fällt?
- Gibt es Gegenstände oder Materialien, die bei Berührung laute oder leise Geräusche erzeugen?
- Wie müssen die Gegenstände oder Materialien angefasst werden, dass Geräusche verhindert werden können?

Wer es schafft, etwas aus der Mitte zu entfernen, ohne dass ein Geräusch entsteht, ist noch einmal an der Reihe. Das Spiel endet, sobald alle Gegenstände aus der Mitte entfernt wurden.

 Suchen und Sammeln, Experimentieren, selbstständiges Entdecken

 Materialerfahrung, Wahrnehmungsfähigkeit, Selbsterfahrungsprozesse, Konzentrationsfähigkeit, Lern- und Intelligenzentwicklung

## Geschmackslabor

**Material:** süße Speisen kombiniert mit sauren Speisen, süße Getränke kombiniert mit sauren Getränken, unbekannte und exotische Speisen, verschiedene Obstsorten, Augenbinden
**Alter:** ab 4 Jahren

Die Spielleitung bereitet Nahrungsmittel unterschiedlicher Geschmacksrichtungen, Farben, Formen und Konsistenzen für ein Spiellabor vor. Dazu stellt sie die Speisen und Getränke in einer Reihe auf einem Tisch auf. Die Kinder bilden Paare. Einem Kind werden die Augen verbunden. Das andere Kind wählt drei bis vier Nahrungsmittel zur Geschmacksprobe aus. Später ist Rollentausch. Sie erklären sich gegenseitig, warum sie ein bestimmtes Nahrungsmittel gewählt haben – z. B. weich, hart, flüssig –, was sie beim Ausprobieren schmecken – z. B. süß, salzig, sauer – und geben Tipps ab, um welches Lebensmittel es sich handeln könnte. Nach Abnehmen der Augenbinde können sie überprüfen, ob sie mit ihrem Tipp richtig gelegen haben.

Experimentieren, selbstständiges Entdecken
Materialerfahrung, Wahrnehmungsfähigkeit, Selbsterfahrungsprozesse

## Den anderen spiegeln

*Das pantomimische Spiegeln erfordert von den Kindern sowohl eine genaue Beobachtungsgabe, als auch das Umdenken von links nach rechts, um auch wirklich ein Spiegelbild der Handlung zu erzeugen.*

**Alter:** ab 5 Jahren

Die Kinder bilden Paare. Sie stellen sich einander gegenüber. Ein Kind übernimmt die Rolle der handelnden Person. Es überlegt sich verschiedene einfache Aktionen (z. B. sich kämmen, sich schminken, sich anziehen, etwas essen, ein Getränk eingießen und es trinken) und stellt sie pantomimisch nach. Das andere Kind übernimmt die Rolle des Spiegelbildes und imitiert die Bewegungen seines Spielpartners möglichst genau. Es entsteht eine harmonische Choreografie aus spiegelnder und gespiegelter Person.

Darstellen, Suchen und Sammeln
soziales Verhalten, Wahrnehmungsfähigkeit, Selbsterfahrungsprozesse, Konzentrationsfähigkeit

## Perspektivwechsel

*Nachfolgende Übung sensibilisiert Kinder für veränderte Wahrnehmungen, die durch das Einnehmen unterschiedlicher Perspektiven auftreten.*

**Material:** Tisch, Blumenvase mit Blumen; evtl. Zeichenpapier, Stifte, Temperafarbe, Farbteller, Pinsel, Becher
**Alter:** ab 5 Jahren

Die Kinder sitzen im Stuhlkreis um einen Tisch, auf dem in der Mitte eine Vase mit Blumen steht. Die Spielleitung erklärt den Kindern, dass sich das Aussehen von Gegenständen je nach eingenommenem Blickwinkel verändert. Die Kinder schauen die Vase aus unterschiedlichen Perspektiven an und beschreiben das Stillleben: Sie betrachten es aus der sitzenden Position, stellen sich auf ihren Stuhl und schauen von oben auf die Vase herab oder bücken sich und blicken direkt über die Tischkante von unten auf das Objekt. Wie verändert sich nun die Perspektive? Welche Veränderungen registrieren die Kinder an der Vase und den Blumen? Was können sie aus den eingenommenen Positionen besonders gut sehen, was nicht?

 Suchen und Sammeln, Experimentieren, selbstständiges Entdecken, Erfinden, Verändern und Verfremden
 Wahrnehmungsfähigkeit, Lern- und Intelligenzentwicklung, Fantasie und schöpferische Expressivität

## Schnupperbar

**Material:** verschiedene Kräuter (z. B. Dill, Lauch, Petersilie, Salbei, Thymian, Lavendel, Basilikum, Liebstöckel), verschiedene Gewürze (z. B. Muskat, Zimt, Anis, Koriander), verschiedene Duftstoffe aus der Natur (z. B. Zitrone, Orange, Rosenblätter, Erde, Moos, Heu) oder parfümierte Kosmetika (z. B. Duftcremes), 3 blickdichte Becher pro Duftstoff (z. B. Filmdöschen oder Streichholzschachteln)
**Alter:** ab 5 Jahren

Die Spielleitung stellt verschiedene Duftstoffe auf Tellern auf einem Tisch bereit. Die Kinder haben nun Gelegenheit, sich die Duftspender anzusehen, daran zu schnuppern, bei essbaren Materialien den Geschmack zu testen. Sie beschreiben sich gegenseitig, was sie riechen und schmecken können oder an was sie der Geruch erinnert, und erraten den zugehörigen Namen. Falls nötig, klärt die Spielleitung die Kinder über die Namen auf.
Sobald alle Gerüche zugeordnet wurden, wählt jedes Kind einen Duftstoff aus und füllt ihn in drei blickdichte Behälter ab, es entsteht ein Duftmemory. Alle Behälter werden gut miteinander vermischt und wieder auf den Tisch gestellt. Die Kinder wählen je einen Behälter aus, riechen daran und suchen nach den anderen beiden Behältern mit dem gleichen Duftstoff. Dazu gehen sie reihum und riechen an den Behältern der anderen Kinder, bis sich die jeweiligen Duftstoffgruppen zusammengefunden haben. Abschließend benennen sie die Duftstoffe abermals.

 Suchen und Sammeln, Experimentieren, selbstständiges Entdecken, Gestalten
Materialerfahrung, Wahrnehmungsfähigkeit, Selbsterfahrungsprozesse, Konzentrationsfähigkeit

## Schwerpunkt: Emotionale Sensibilität

### Laute und leise Bilder

*Musik löst die unterschiedlichsten Emotionen aus. Das Malen dieser Empfindungen schärft das Bewusstsein der Kinder für unterschiedliche Gefühle und hilft ihnen, mit ihren Empfindungen umzugehen.*

**Material:** pro Kind 2 Bögen Zeichenpapier A4, Musik, Musikwiedergabegerät, Temperafarbe, Farbteller, Pinsel, Becher
**Alter:** ab 4 Jahren

Jedes Kind erhält zwei Bögen Zeichenpapier: Einer dient zur Gestaltung eines „lauten" Bildes, der andere zur Gestaltung eines „leisen" Bildes. Als kreative Inspiration spielt die Spielleitung als Erstes ein beliebiges Musikstück sehr laut ab. Für das zweite Bild wird das gleiche Musikstück leise abgespielt. Die Kinder entscheiden sich pro Bild jeweils für eine Farbe, die ihr Empfinden beim Hören des Stücks am besten widerspiegelt, und malen das Bild damit aus. Die Kinder stellen anschließend ihr Farbempfinden mithilfe ihrer gemalten Bilder vor.

### Variante

Alternativ zu „lauten" und „leisen" Bildern können die Kinder auch „helle" oder „dunkle" Bilder malen. Dazu werden hell klingende und dunkel klingende Musikstücke ausgewählt, wie z. B. Orffs Carmina Burana oder Mozarts „Eine kleine Nachtmusik".

 Suchen und Sammeln, Experimentieren, selbstständiges Entdecken, Verändern und Verfremden, Gestalten

 Wahrnehmungsfähigkeit, Selbsterfahrungsprozesse, Konzentrationsfähigkeit, Fantasie und schöpferische Expressivität

## 10-Sekunden-Stimmungs-Konzerte

*Mit unterschiedlichen Instrumenten können je nach Stimmungslage die verschiedensten Kompositionen entstehen. Kinder können auf diese Art ihre Gefühle musikalisch ausdrücken.*

**Material:** Orff-Instrumente (z. B. Schellen, Triangel, Klanghölzer), Körperinstrumente (z. B. mit den Händen klatschen und klopfen, mit dem Mund pfeifen) oder selbst gebaute Instrumente (z. B. Topf und Löffel als Trommel)
**Alter:** ab 4 Jahren

Im Spielkreis liegen verschiedene Instrumente aus, deren Klang, Lautstärke, Intensität sowie Klangvolumen die Kinder erproben, um ihnen dann bestimmte Stimmungen und Gefühle zuzuordnen. Nachdem alle Instrumente getestet wurden, geben die Kinder Zehn-Sekunden-Konzerte, die ihre momentane Stimmung widerspiegeln. Dafür wählen sie sich das geeignete Instrument aus und bringen es entsprechend zum Klingen. Wie eine bestimmte Stimmung ausgedrückt wird, hängt dabei häufig nicht so sehr mit der Wahl des Instruments zusammen, sondern mit der Art des Spielens, eine Trommel kann z. B. sowohl sehr laute, aggressive Töne erzeugen als auch sehr leise, sanfte Töne.

**Beispiele für Konzerte:** Wut-Konzert, Trauer-Konzert, Freude-Konzert, Jubel-Konzert, Verzweiflungs-Konzert, Angst-Konzert.

## Variante

Das Konzert kann auch durch eine Tanzperformance unterstützt werden. Die Kinder bilden zwei Gruppen: das Orchester und die Tanzgruppe. Vorab legen sie eine Emotion fest, die dargestellt werden soll. Die Musikgruppe überlegt sich, welche Instrumente wie eingesetzt werden, während die Tanzgruppe passende Bewegungen für die Emotion festlegt. Gemeinsam improvisieren die Gruppen so ihr 10-Sekunden-Gefühls-Konzert.

 Suchen und Sammeln, Experimentieren, selbstständiges Entdecken, Erfinden, Darstellen

 Materialerfahrung, Grob- und Feinmotorik, soziales Verhalten, Wahrnehmungsfähigkeit, Selbsterfahrungsprozesse, Konzentrationsfähigkeit, Lern- und Intelligenzentwicklung, Fantasie und schöpferische Expressivität, Persönlichkeitsentwicklung

## Stimmungspantomime

*Durch die Stimmungspantomime üben die Kinder, aus der Gestik und Mimik der anderen auf deren Gefühle zu schließen. Die Kinder lernen, besser aufeinander einzugehen.*

**Alter:** ab 5 Jahren

Die Kinder sitzen im Stuhlkreis. Jedes Kind soll pantomimisch darstellen, wie es sich gerade fühlt. Es gilt: Sprechen ist verboten; die Kinder teilen ihre Gefühle nur mithilfe der Gestik und Mimik mit. Die anderen Kinder betrachten die Darstellung und äußern Vermutungen, welches Gefühl das Kind ausdrücken möchte.

## Variante

Spielerweiternd kann vereinbart werden, dass die gesamte Kommunikation über Pantomime abläuft. Die Kinder, die die Pantomime betrachten, antworten dann mit einer eigenen pantomimischen Darstellung auf die Gefühls-Pantomime des Kindes: Ein Kind zeigt z. B. durch seine Gestik und Mimik, dass es traurig ist. Die anderen Kinder gehen auf es zu und streicheln es.

 Suchen und Sammeln, selbstständiges Entdecken, Darstellen

 soziales Verhalten, Wahrnehmungsfähigkeit, Selbsterfahrungsprozesse, Konzentrationsfähigkeit, Fantasie und schöpferische Expressivität, Persönlichkeitsentwicklung

## Gefühlsskulpturen

**Material:** pro Kind einen faustgroßen Klumpen Knete oder Ton, Kittel
**Alter:** ab 5 Jahren

Die Kinder sitzen an einem großen Werktisch. Jedes Kind erhält einen faustgroßen Klumpen Ton oder Knete. Sie erhalten den Auftrag, daraus etwas zu formen, das ihrem derzeitigen Gefühlszustand entspricht. Damit die Kinder sich noch mehr auf ihr Gefühl einlassen können, sollen sie die Augen schließen. Sind alle Kinder mit ihrer Gefühlsskulptur fertig, gibt es zwei Möglichkeiten weiter vorzugehen:

1. Die Kinder erzählen selbst anhand ihrer Skulpturen, welches Gefühl sie ausdrücken wollten.
2. Die anderen Kinder dürfen interpretieren, welches Gefühl der Einzelne darstellen wollte.

 Experimentieren, selbstständiges Entdecken, Erfinden, Gestalten

 Materialerfahrung, Grob- und Feinmotorik, soziales Verhalten, Wahrnehmungsfähigkeit, Selbsterfahrungsprozesse, Konzentrationsfähigkeit, Fantasie und schöpferische Expressivität, Persönlichkeitsentwicklung

## Schwerpunkt: Problemsensibilität

### Wir sind die Murmelrollbahn

**Material:** leere Papprollen mit gleich großer Öffnung, 1 Murmel
**Alter:** ab 5 Jahren

Die Kinder stehen im Kreis. Alle Kinder erhalten eine Papprolle. Diese soll nun so mit den anderen Röhren verbunden werden, dass eine geschlossene Rollbahn entsteht. Die Spielleitung legt eine Murmel in die Röhre, welche die Kinder durch Bewegung ins Rollen bringen. Dabei achten sie darauf, dass die Murmel nicht auf den Boden fällt. Viel Spaß beim Ausprobieren!

 Experimentieren, selbstständiges Entdecken, Verändern und Verfremden, Gestalten
 Grob- und Feinmotorik, soziales Verhalten, Wahrnehmungsfähigkeit, Konzentrationsfähigkeit, Lern- und Intelligenzentwicklung

### Einsame Insel

*Im nachfolgenden Spiel müssen die Kinder gemeinsam eine Lösung für ein Problem finden. Dabei durchlaufen sie die verschiedenen Phasen des Problemlösungsprozesses, bis sie zu einer gemeinsamen Lösung finden.*

**Material:** 5 Kärtchen pro Kind, Buntstifte
**Alter:** ab 5 Jahren

Die Kinder bilden 5er-Gruppen. Jedes Kind erhält fünf kleine Kärtchen und Buntstifte. Die Spielleitung gibt den folgenden Arbeitsimpuls: „Stellt Euch vor, Ihr reist für längere Zeit auf eine einsame Insel. Ihr dürft fünf überlebenswichtige Dinge mitnehmen. Was würdet Ihr mitnehmen?" Jedes Kind malt ohne Rücksprache mit den anderen je einen Gegenstand auf seine Kärtchen. Pro Gruppe stehen jetzt 25 Gegenstände zur Mitnahme auf die einsame Insel zur Auswahl.

Aus diesen 25 Dingen filtern die Kinder jetzt die fünf wichtigsten heraus. Dazu erhalten sie folgende Anregung: „Stellt Euch vor, Ihr seid mit eurem Koffer auf Schiffsreise. In dem Koffer befinden sich alle Gegenstände, die Ihr vorhin aufgemalt habt. Euer Schiff geht unter und jeder kann nur eine Sache beim Untergang des Schiffes retten. Welche fünf Sachen würdet Ihr retten, um auf der Insel zu überleben. Ihr müsst nicht Eure eigenen Sachen retten." Die Kinder diskutieren miteinander über die Wichtigkeit und die Nützlichkeit einzelner Gegenstände und wählen schließlich fünf Gegenstände aus. Sie erklären den anderen Gruppen, warum sie sich gerade für diese Gegenstände entschieden haben.

 Suchen und Sammeln, selbstständiges Entdecken
 soziales Verhalten, Wahrnehmungsfähigkeit, Selbsterfahrungsprozesse, Konzentrationsfähigkeit, Lern- und Intelligenzentwicklung, Persönlichkeitsentwicklung

## Der verrückte Reifenwechsel

**Material:** 1 Hula-Hoop-Reifen pro Kind
**Alter:** ab 5 Jahren

Die Kinder stellen sich mit einem Hula-Hoop-Reifen über der Schulter in einem Kreis auf und geben sich die Hände, damit der Kreis geschlossen ist. Sie lassen die Reifen im Uhrzeigersinn einmal im ganzen Kreis herumwandern. Dazu müssen die Kinder ihre Bewegungen so koordinieren, dass zum einen der Reifen von ihrer Schulter in die Hand des linken Nachbarn rutscht und sie zum anderen jeweils durch den Reifen ihres rechten Nachbarn hindurchkriechen können, damit dieser wieder auf der eigenen Schulter abgelegt werden kann. Gemeinsam erarbeiten sie eine Lösung, um die gestellte Aufgabe zu bewältigen.

 Suchen und Sammeln, Experimentieren, selbstständiges Entdecken, Erfinden
Grob- und Feinmotorik, soziales Verhalten, Konzentrationsfähigkeit, Lern- und Intelligenzentwicklung

## Gemeinsam ein Bild malen

*Das Malen eines gemeinsamen Bildes erfordert immer eine Abstimmung zwischen den beteiligten Kindern. Dabei lernen die Kinder die verschiedenen Möglichkeiten kennen, miteinander zu kooperieren und ein gewünschtes Ergebnis zu erzielen.*

**Material:** Zeichenpapier A3, Deckmal- oder Temperafarbe, Farbteller, Pinsel, Becher
**Alter:** ab 5 Jahren

Drei Kinder erhalten den Auftrag, gemeinsam an einem Bild zu malen. Dabei können sie sich für zwei verschiedene Vorgehensweisen entscheiden:

1. **Sie entwickeln zuvor eine gemeinsame Strategie und klären dabei folgende Fragen:** Arbeiten wir gleichzeitig? Einigen wir uns auf ein Motiv? Treffen wir Entscheidungen, wer was malt, oder malt jeder das, was ihm gerade einfällt?
2. **Alle drei Kinder malen schweigend ein gemeinsames Bild, ohne sich vorher abzustimmen:** Die Abstimmung findet dann ohne Worte während des Malens statt. Wie werden sie sich dann wohl einigen?

 Suchen und Sammeln, Experimentieren, selbstständiges Entdecken, Erfinden, Gestalten
 Materialerfahrung, Grob- und Feinmotorik, soziales Verhalten, Wahrnehmungsfähigkeit, Selbsterfahrungsprozesse, Konzentrationsfähigkeit, Lern- und Intelligenzentwicklung, Fantasie und schöpferische Expressivität, Persönlichkeitsentwicklung

## Bierdeckeltanz

*Dieses Tanzspiel stellt die Kinder vor einen kooperativen Problemlösungsprozess, denn keines der Kinder soll ausscheiden.*

**Material:** pro Kind zwei Bierdeckel, Musikwiedergabegerät, Musik
**Alter:** ab 5 Jahren

Die Spielleitung markiert einen abgegrenzten Bereich im Raum als Tanzfläche. Die Kinder stehen auf der Tanzfläche und verteilen dort jeweils zwei Bierdeckel. Sobald die Musik erklingt, tanzen die Kinder. Stoppt die Musik, suchen sie sich schnellstmöglich zwei Bierdeckel, auf denen sie mit ihren Füßen zum Stehen kommen. Nach jeder Runde werden zwei bis drei Bierdeckel entfernt, sodass es immer schwieriger wird, die Balance zu halten – manche Kinder können nur noch auf einem Bein stehen. Die Kinder stützen sich und halten sich gegenseitig fest. Wie viele Bierdeckel lassen sich aus der Runde entfernen, ohne dass jemand oder gar die ganze Gruppe die Balance verliert und umfällt?

 Suchen und Sammeln, Experimentieren, selbstständiges Entdecken, Erfinden
 Grob- und Feinmotorik, soziales Verhalten, Wahrnehmungsfähigkeit, Selbsterfahrungsprozesse, Lern- und Intelligenzentwicklung, Fantasie und schöpferische Expressivität

### Schwerpunkt: Soziale Sensibilität

## Gruppenregeln

**Material:** Zeichenpapier A3, Buntstifte
**Alter:** ab 4 Jahren

Die Kinder finden sich in einem Sitzkreis zusammen und formulieren Gruppenregeln. Dazu sammeln sie zunächst gemeinsam die Störfaktoren, die ihnen selbst missfallen, z. B.: „Wir möchten keine verklebten und dreckigen Pinsel!" Aufgrund der Mitwirkung an den Gruppenregeln, fühlen sich die Kinder so ernst genommen, dass ihnen in der Regel sehr viele Ideen hierzu einfallen. Erst nach Abschluss der Sammlung werden aus den gesammelten Störfaktoren konkrete Regeln formuliert.

**Beispiele für Regeln:**
- Wir möchten keine verklebten und dreckigen Pinsel! Folglich: Wir müssen die Pinsel reinigen!
- Wir möchten die Materialien selber finden! Folglich: Wir müssen aufräumen!
- Wir möchten beim Malen nicht gestört werden! Folglich: Wir dürfen keine Unruhe stiften!

Das beschriebene Vorgehen hat den Vorteil, dass die Kinder die Regeln später nicht als reine Verbote auslegen, da sie selbst daran mitgewirkt haben. Die Regeln können zusätzlich auch aufgemalt oder aufgeschrieben werden, um sie für alle sichtbar an die Wand zu hängen.

 Suchen und Sammeln, selbstständiges Entdecken, Erfinden
 soziales Verhalten, Wahrnehmungsfähigkeit, Selbsterfahrungsprozesse, Konzentrationsfähigkeit

## Gruppenmaskottchen

**Material:** Zeichenpapier A2, Edding, Klebeband
**Alter:** ab 5 Jahren

Die Kinder sitzen im Stuhlkreis. In der Mitte liegt ein großer Bogen Zeichenpapier, der mit Klebeband am Boden befestigt ist. Die Kinder entwerfen gemeinsam ein Gruppenmaskottchen. Ein Kind beginnt mit der Zeichnung und malt einen Strich auf das Papier. Es gibt seinen Edding im Uhrzeigersinn an das nächste Kind weiter, das die Zeichnung um eine weitere Linie ergänzt. Dabei setzt es an dem Strich des ersten Kindes an. Es folgt das nächste Kind, das seinerseits eine Linie einzeichnet usw. Der beschriebene Vorgang wiederholt sich so lange, bis die Kinder aus den verbundenen Linien eine Figur erkennen können. Das kann ein Fantasiewesen, ein Tier oder ein Mensch sein. Zum Schluss geben die Kinder dem neuen Gruppenmaskottchen einen geeigneten Namen.

 Suchen und Sammeln, Experimentieren, selbstständiges Entdecken, Erfinden, Gestalten
 soziales Verhalten, Wahrnehmungsfähigkeit, Konzentrationsfähigkeit, Lern- und Intelligenzentwicklung, Fantasie und schöpferische Expressivität

## Luftballonwurm

**Material:** pro Kind 1 Luftballon
**Alter:** ab 5 Jahren

Jedes Kind erhält einen Luftballon, den es aufpustet. Diesen Luftballon halten die Kinder vor ihren Bauch und stellen sich in einer Reihe so dicht hintereinander auf, dass der Ballon zwischen Bauch und Rücken fest eingeklemmt wird. Der Luftballonwurm ist fertig. Er will sich nun aber auch fortbewegen. Dabei darf kein Luftballon auf den Boden fallen. Die Kinder müssen ihre Bewegungen so koordinieren, dass die Luftballons an Ort und Stelle bleiben.

 Suchen und Sammeln, Experimentieren, selbstständiges Entdecken, Erfinden
 Grob- und Feinmotorik, soziales Verhalten, Wahrnehmungsfähigkeit

## Der Menschenstuhl

**Alter:** ab 5 Jahren

Die Kinder stellen sich in einem Kreis ganz eng hintereinander auf, sodass sie alle in eine Richtung schauen. Auf ein Kommando der Spielleitung setzen sich alle Kinder hin. Den Stuhl zum Setzen bilden jeweils die gebeugten Beine des Hintermannes oder der Hinterfrau. Keine Angst, wenn alle dicht bei dicht stehen und sich vertrauen, kann jedes Kind sich problemlos hinsetzen!

 Suchen und Sammeln, Experimentieren, selbstständiges Entdecken, Erfinden
 Grob- und Feinmotorik, soziales Verhalten, Wahrnehmungsfähigkeit, Konzentrationsfähigkeit,

## Der Magnet

**Alter:** ab 5 Jahren

Die Kinder bilden Paare. Das eine Kind ist ein Magnet. Seine Hand zieht alles Metallische aus der Umgebung magnetisch an, so auch die Nasenspitze des anderen mitspielenden Kindes. Das Magnet-Kind bewegt sich durch den ganzen Raum und hebt und senkt seine Magnethand. Die Nase des anderen Kindes folgt seinen Bewegungen, wie angeklebt. Nach fünf Minuten ist Rollentausch. Anschließend tauschen die Kinder sich über ihre Erfahrungen aus.

 Experimentieren, Darstellen
Grob- und Feinmotorik, soziales Verhalten, Wahrnehmungsfähigkeit, Konzentrationsfähigkeit

## Der Roboter

**Spielort:** Zimmer; evtl. Außengelände
**Material:** evtl. Parcours aus verschiedenen Gegenständen (z. B. Tische, Stühle, Kartons)
**Alter:** ab 5 Jahren

Die Kinder bilden Paare. Ein Kind ist der Roboter, das andere Kind sein Mechaniker. Dieser steuert den Roboter durch den Raum. Dazu stellen die Kinder sich hintereinander auf, zuerst der Roboter und dahinter der Mechaniker. Ein Klopfen des Mechanikers auf die rechte Schulter bedeutet, dass der Roboter nach rechts gehen muss, ein Klopfer auf die linke Schulter, dass er nach links gehen muss, das Klopfen auf den Rücken steuert den Roboter geradeaus. Der Roboter selbst hat keinen eigenen Willen. Spannend ist dieses Spiel dann, wenn sich viele verschiedene Spielpaare im gleichen Raum bewegen und es zu Gegenverkehr kommt.
Nach fünf Minuten findet ein Rollentausch statt. Am Ende des Spiels tauschen sich die Kinder über die Erfahrungen aus, die sie als Roboter oder als Mechaniker gemacht haben.

 Experimentieren, selbstständiges Entdecken, Darstellen
Grob- und Feinmotorik, soziales Verhalten, Wahrnehmungsfähigkeit, Konzentrationsfähigkeit

# Kreativ & klug durch
# *Assoziationsfähigkeit*

### Aktivitäten zur Förderung
### freier und schöpferischer Gedankenverbindungen

Assoziationsfähigkeit ist die Fähigkeit, Verbindungen zu anderen Gegenständen, Zusammenhängen und Ideen herzustellen, um so eigene Vorstellungen zu entwickeln. Jeder kennt das: Wir hören z. B. einen Begriff wie Gemüse und verbinden damit automatisch andere Begriffe wie Tomate, Blumenkohl, Kartoffel usw. Wer zudem in der Lage ist, Bezüge zwischen zwei bisher nicht in Zusammenhang gebrachten Inhalten herzustellen, kann ganz neue Ideen hervorbringen. Dies ist ein ganz wichtiger Aspekt, um kreativ tätig werden zu können. Viele sprachliche und malerische Fantastereien von Kindern, die für uns unverständlich zu sein scheinen, sind kindliche Ergebnisse solcher gedanklicher Verknüpfungen. Auf diese natürliche Fähigkeit des Kindes zum freien Assoziieren kann aufgebaut werden, um die Kinder zum vernetzten Denken zu animieren. Wichtig ist allerdings, dass die Impulse, die den Kindern durch verschiedene Übungen und Spiele gegeben werden, Verknüpfungsmöglichkeiten zu bereits im Gehirn abgespeicherten Informationen bieten, damit sie von den Kindern überhaupt vernünftig aufgenommen und verarbeitet werden können. Nachfolgend werden daher eine Vielzahl von altersgerechten Spielen und Übungen vorgestellt, die die Kinder zum Assoziieren anregen und so auch die kreativen Potenziale im Kind wecken.

## Wir stellen uns vor, wir sind ...

*Übungen und Spiele, in denen Kinder sich aus der Erinnerung heraus Gegenstände, Tiere oder Sonstiges vorstellen müssen, helfen beim Aufbau gedanklicher Verbindungen – die Kinder lernen, sich in verschiedene Situationen gedanklich hineinzuversetzen.*

**Alter:** ab 4 Jahren

Durch gezielte Anregungen versetzt die Spielleitung die Kinder in verschiedene Situationen, z. B.: „Ihr schlüpft in die Rolle eines Autos und fahrt auf einer kurvenreichen Straße." Die Kinder stellen sich ein Auto vor: Um welches Auto handelt es sich? Wie fährt es, schnell oder langsam? Welche Geräusche macht es? Wie bewegt es sich? Die Kinder rufen sich die Geräusche und Bewegungen ins Bewusstsein, sodass das Auto für sie – ohne dass sie es sehen können – erfahrbar wird. Weitere Anregungen:

- „Ihr spielt ein Windrad. Achtung: Bläst der Wind heftig, drehen sich Eure Arme ganz schnell; bläst der Wind schwach, bewegen sie sich langsam."
- „Ihr schlüpft in die Rolle Eures Lieblingsspielzeuges. Eine gute Fee hat diesem erlaubt, für eine kurze Zeit lebendig zu werden. Überlegt Euch nun, welche Bewegungen und Geräusche Euer Spielzeug macht, und macht diese vor."
- „Ihr schlüpft in die Rolle Eures Lieblingstieres. Versucht dessen Laute und Bewegungen nachzuahmen." Haben die Kinder kein Lieblingstier, dann macht die Spielleitung einfach Vorgaben (z. B. Katze, Hund, Schlange, Vogel, Frosch).
- „Ihr schlüpft in die Rolle eines Roboters, der sich durch den Raum bewegt."
- „Stell Dir vor, Du bist ein Hubschrauber und setzt Deine rotierenden Flügel in Bewegung."

 Experimentieren, selbstständiges Entdecken, Erfinden, Darstellen

 Grob- und Feinmotorik, Wahrnehmungsfähigkeit, Konzentrationsfähigkeit, Fantasie und schöpferische Expressivität, Persönlichkeitsentwicklung

## Bewegungspantomime

**Alter:** ab 4 Jahren

Die Spielleitung gibt den Kindern bestimmte Situationen vor, in die sie sich hineinversetzen und die sie pantomimisch nachstellen. Die Kinder tun so,

- als gingen sie mit nackten Füßen über spitze Steine,
- als gingen sie mit nackten Füßen durch heißen Sand oder über heißen Asphalt,
- als würden sie sich in Zeitlupe bewegen,
- als würden sie sich durch einen Raum bewegen, der nur aus Wackelpudding besteht,
- als würden sie durch tiefen Schnee stapfen,
- als würden sie durch das Wasser eines Baches waten,
- als würden sie von einer zur anderen Regenpfütze springen,
- als würden sie wie eine Seiltänzerin über ein Seil balancieren,
- als würden die Füße bei jedem Schritt am Boden festkleben.

 Suchen und Sammeln, selbstständiges Entdecken, Erfinden, Darstellen

 Grob- und Feinmotorik, Wahrnehmungsfähigkeit, Selbsterfahrungsprozesse, Konzentrationsfähigkeit, Fantasie und schöpferische Expressivität

## Mamorkuchenträumer und Wolkengucker

**Material:** Marmorkuchen, Marmorplatte
**Alter:** ab 4 Jahren

Die Kinder betrachten sich die Marmorierung des Marmorkuchens, der Platte oder die Wolkengebilde am Himmel und erzählen, welchen bekannten Gegenständen sie ähnlich sehen. Aussagen der Kinder können z. B. sein: „Die Wolke sieht aus wie ein Ungeheuer, das Braun im Kuchen hat ein Gesicht, in meiner Mamorplatte liegt ein Hund." Aber auch Schatten an der Wand oder auf dem Boden können für Kinder Anlass zu Assoziationen geben. Der Fantasie der Kinder sind hier keine Grenzen gesetzt.

 Suchen und Sammeln, selbstständiges Entdecken, Erfinden
 Wahrnehmungsfähigkeit, Konzentrationsfähigkeit, Fantasie und schöpferische Expressivität

## Klecksorakel

**Material:** Kopierpapier, Tinte, Overheadprojektor, Overheadfolien in der Anzahl der Papierbögen, Kopierer
**Alter:** ab 4 Jahren

Die Spielleitung bereitet einige Klecksbilder vor. Dazu gibt sie jeweils in die Mitte eines Kopierpapiers etwas Tinte und faltet das Papier danach zusammen. Beim Aufklappen des Papiers erscheinen große Tintenkleckse in verschiedenen Formen. Diese Vorlagen werden vergrößert auf Folien kopiert und auf eine weiße Wand projiziert. Die Kinder betrachten sich die Kleckse und deuten ihre Formen. Als Anregung können folgende Fragen gestellt werden:
- Wie sieht der Klecks aus?
- Welche Form hat er?
- An was erinnert Euch der Klecks?
- Erkennt Ihr, ob der Klecks sich bewegt?

Sobald sich die Kinder ausreichend darüber ausgetauscht haben, was sich hinter dem Klecks verbirgt, wird eine neue Folie aufgelegt.

 Suchen und Sammeln, selbstständiges Entdecken, Erfinden, Verändern und Verfremden
soziales Verhalten, Wahrnehmungsfähigkeit, Selbsterfahrungsprozesse, Konzentrationsfähigkeit, Lern- und Intelligenzentwicklung, Fantasie und schöpferische Expressivität, Persönlichkeitsentwicklung

## Bilderassoziationen

*Gerade abstrakte Kunstwerke eignen sich hervorragend, die kindliche Fantasie anzuregen und frei zu assoziieren.*

**Material:** Poster eines abstrakten Bildes (z. B. von Miro)
**Alter:** ab 4 Jahren

Die Kinder betrachten ein Bild, das an der Wand hängt oder auf einer Staffelei steht. Wichtig ist, dass alle einen guten Blick auf das Bild haben, damit sie auch Details erkennen können. Die Spielleitung weist auf verschiedene Bildelemente hin, um die Kinder miteinander ins Gespräch zu bringen, z. B. auf den Titel des Bildes oder einzelne Szenen. Beim Assoziieren gibt es kein „richtig" oder „falsch", jede Aussage ist bereichernd und wird als Anlass zur weiteren Erforschung des Bildes genommen, sodass sicherlich eine lebhafte Unterhaltung entsteht. Die Kinder verleihen dem Bild durch ihre Vorstellungskraft Leben: Aus einem roten Punkt wird schnell ein Marienkäfer gezaubert, aus einem gelben Punkt die Sonne, flache blaue Striche symbolisieren das Meer und aus einem Kreis mit seitlich abstehenden roten Strichen erkennen die Kinder Lena mit roten Haaren, die gerade beim Einkaufen ist.

Suchen und Sammeln, selbstständiges Entdecken, Erfinden, Verändern und Verfremden
Wahrnehmungsfähigkeit, Konzentrationsfähigkeit, Lern- und Intelligenzentwicklung, Fantasie und schöpferische Expressivität

## Gipsorakel

**Material:** 1 Schüssel, Gipsbrei, pro Kind 1 kleine Gefriertüte oder Plastiktüte, Suppen- oder Soßenkellen, Kittel
**Alter:** ab 4 Jahren

Die Kinder stellen gemeinsam entsprechend der Verpackungsanleitung einen Gipsbrei her. Jedes Kind füllt zwei Suppenkellen des Breis in seine Tüte und verschließt die Tüte möglichst fest, indem es die offene Seite zusammendrückt, die Tüte mehrfach dreht und schließlich ein Gummi befestigt.
Da die Härtezeit bei dieser geringen Gipsmenge relativ kurz ist, beginnen die Kinder sofort, die gefüllte Tüte von außen durchzukneten. Sonst besteht die Gefahr, dass der getrocknete Gips nicht mehr bearbeitet werden kann. Beim Öffnen der Tüte erscheinen bizarre Gipsformen. Die Kinder stellen sich nun gegenseitig ihre Gipsfiguren vor, indem sie erzählen, was ihre Figur darstellen könnte.

Suchen und Sammeln, Experimentieren, selbstständiges Entdecken, Erfinden, Verändern und Verfremden, Gestalten
Materialerfahrung, Wahrnehmungsfähigkeit, Selbsterfahrungsprozesse, Fantasie und schöpferische Expressivität

## Formenassoziationen

**Material:** Kopierpapier A4, schwarze Filzstifte, Buntstifte
**Alter:** ab 4 Jahren

Die Kinder fertigen gemeinsam mit Filzstift eine Malvorlage an, auf der sich mit ausreichend Abstand zueinander verschieden große und kleine einfache Formen (Dreieck, Quadrat, Kreis) befinden. Diese Vorlage wird für alle kopiert. Jedes Kind ergänzt nun in seiner Vorlage Gegenstände, in die die Formen integriert werden können. So kann aus zwei nebeneinander liegenden Kreisen ein Auto werden, aus einem Quadrat ein Haus, aus einem Dreieck ein Zelt usw. Während des Malens machen sich die Kinder immer wieder Gedanken darüber, wo diese Formen im Alltag vorkommen.

 Suchen und Sammeln, Experimentieren, selbstständiges Entdecken, Erfinden, Verändern und Verfremden, Gestalten
 Grob- und Feinmotorik, Wahrnehmungsfähigkeit, Konzentrationsfähigkeit, Lern- und Intelligenzentwicklung, Fantasie und schöpferische Expressivität

## Strukturcollage

**Material:** Kopierpapier, Bunt- und Wachsmalstifte, Tamburin, Schere, Kleber, Zeichenkarton
**Alter:** ab 5 Jahren

## Skulpturen-Rätsel

**Alter:** ab 5 Jahren

Bevor das Spiel beginnen kann, wird ein freiwilliges Kind ausgewählt, das den Raum verlassen muss. Die anderen Kinder überlegen sich, welches Objekt sie darstellen möchten, z. B. ein Haus, und formieren sich zu einer zusammenhängenden Figur. Nach Bedarf kann auch eines der Kinder als Bildhauer fungieren und die Zusammensetzung der Skulptur festlegen. Nach Fertigstellung der Skulptur, wird das aus dem Raum geschickte Kind wieder hereingerufen, um zu erraten, welche Skulptur die Gruppe darstellt. Hat das Kind die Skulptur richtig erraten, wird das nächste Kind rausgeschickt.

 Suchen und Sammeln, Experimentieren, selbstständiges Entdecken, Erfinden, Verändern und Verfremden, Darstellen
 Grob- und Feinmotorik, soziales Verhalten, Wahrnehmungsfähigkeit, Konzentrationsfähigkeit, Fantasie und schöpferische Expressivität

Alle Kinder erhalten Papier und einen Bunt- oder Wachsmalstift. Die Kinder machen sich innerhalb eines bestimmten Zeitrahmens auf die Suche nach Gegenständen mit unterschiedlichen Oberflächenbeschaffenheiten. Hat ein Kind eine interessante Oberfläche entdeckt, legt es sein Papier darauf und reibt mit einem Stift über das Papier, um die Struktur abzupausen. Erklingt das Tamburin, laufen alle Kinder zum Ausgangspunkt zurück. Dort sortieren sie ihre Strukturzeichnungen nach Ähnlichkeiten und raten, welchen Ursprung sie haben könnten. Anschließend schneiden die Kinder die Strukturen aus und kleben sie zu einem großen bunten Fantasievogel auf einem Zeichenkarton zusammen. Welche Struktur eignet sich wohl am besten zur Darstellung der Flügel, des Kopfes, des Bauches, der Beine, des Schwanzes usw.?

 Suchen und Sammeln, Experimentieren, selbstständiges Entdecken, Verändern und Verfremden, Gestalten
 Materialerfahrung, soziales Verhalten, Wahrnehmungsfähigkeit, Fantasie und schöpferische Expressivität

## Das Wortfolge-Malspiel

**Material:** Tapete, Klebeband, Wachsmalstifte, Temperafarbe, Farbteller, Pinsel, Becher
**Alter:** ab 5 Jahren

Die Kinder malen gemeinsam an einem fantasievollen Bild, das auf der Grundlage von Wortassoziationen entsteht. Sie sitzen um die am Boden mit Klebeband befestigte Tapete. Das erste Kind nennt einen Begriff (z. B. Schiff) und malt ihn mit einem Wachsmaler auf die Tapete. Das zweite Kind überlegt sich einen thematisch passenden Begriff (z. B. Meer) und ergänzt das Bild. Dem dritten Kind fällt dazu spontan ein weiterer Begriff (z. B. Fisch) ein usw. So entsteht nach und nach eine Assoziationskette aus miteinander in Zusammenhang stehenden Bildern. Je mehr Kinder am Spiel beteiligt sind, desto motivreicher ist das spätere Bild. Falls nur wenige Kinder an dem Spiel teilnehmen, können zu einem Thema auch mehrere Runden gespielt werden, sodass jedes Kind mehrere Begriffe zum Spiel beisteuert. Gemeinsam können die Kinder abschließend den Hintergrund mit Temperafarbe ausgestalten.

 Suchen und Sammeln, Experimentieren, selbstständiges Entdecken, Gestalten
 Materialerfahrung, Grob- und Feinmotorik, soziales Verhalten, Konzentrationsfähigkeit, Lern- und Intelligenzentwicklung, Fantasie und schöpferische Expressivität, Persönlichkeitsentwicklung

## Stock-Pantomime

*Im Symbolspiel werden Alltagsgegenstände von Kindern häufig umfunktioniert. Die Stock-Pantomime nimmt diese Lust an der Verfremdung auf und reizt so zu neuen Assoziationen.*

**Material:** Rundholzstab (ca. 50–80 cm)
**Alter:** ab 5 Jahren

Die Kinder sitzen in einem Stuhlkreis. In der Mitte liegt ein Stock. Sie überlegen, wozu sie den Stock verwenden könnten. Hat ein Kind eine Idee, darf es in die Mitte gehen und seine Idee mit dem Stock pantomimisch vorführen. Folgende Anregungen können die Kinder unterstützen:
- Stellt Euch vor, der Stab ist eine Flöte.
- Stellt Euch vor, der Stab ist eine Gitarre.
- Stellt Euch vor, der Stab ist ein Taktstock.
- Stellt Euch vor, der Stab ist ein Spazierstock.
- Stellt Euch vor, der Stab ist ein Besen usw.

 Suchen und Sammeln, selbstständiges Entdecken, Erfinden, Verändern und Verfremden, Darstellen
 Konzentrationsfähigkeit, Lern- und Intelligenzentwicklung, Fantasie und schöpferische Expressivität

## Tonorakel

**Material:** pro Kind ein tennisballgroßer Klumpen Ton, Augenbinde, Kittel
**Alter:** ab 5 Jahren

Jedes Kind erhält einen Klumpen Ton, den es mit verbundenen Augen verformt. Die Kinder haben dazu ungefähr fünf Minuten Zeit. Dann entfernen sie die Augenbinde und sehen sich die verschiedenen Tonklumpen an. Sie tauschen sich darüber aus, an was sie die Formen erinnern und mit wem oder was sie das Aussehen verbinden; gleichzeitig überlegen sie sich einen Namen für das Gebilde.

 Suchen und Sammeln, Experimentieren, selbstständiges Entdecken, Erfinden, Verändern und Verfremden, Gestalten
 Materialerfahrung, Grob- und Feinmotorik, Wahrnehmungsfähigkeit, Selbsterfahrungsprozesse, Konzentrationsfähigkeit, Fantasie und schöpferische Expressivität

## Punktebilder

**Material:** Kopierpapier, Filzstifte, Kopierer
**Alter:** ab 5 Jahren

Jedes Kind verteilt mit einem Filzstift auf einem Bogen Papier willkürlich ungefähr zwanzig Punkte. Die Spielleitung kopiert die Bögen in der Anzahl der Kinder und händigt jedem Kind eine Kopie der gleichen Vorlage aus – die anderen Vorlagen werden für eine weitere Spielrunde zurückgelegt. Die Kinder überlegen sich, wie die Punkte zu einem Motiv zusammengefügt werden können, und verbinden sie entsprechend. Dabei nutzen sie möglichst viele Verbindungspunkte. Fehlen den Kindern Ideen, kann die Spielleitung konkrete Anregungen geben:

- „Die Punkte stehen stellvertretend für Steine in einem Bach, mit deren Hilfe Du den Bach überqueren kannst. Verbinde mit Strichen die Steine, auf die Du springst, um an das andere Ufer zu gelangen!"
- „Die Punkte stehen stellvertretend für Slalomstangen beim Skifahren. Ziehe mit einer Linie die Schneespur nach, die der Skifahrer beim Slalomfahren hinterlässt!"
- „Die Punkte stehen stellvertretend für Bäume. Finde den kürzesten Weg von einem Baum zum anderen!"
- „Die Punkte stehen stellvertretend für Steine im Dickicht, um welche sich eine Schlange schlängelt. Male mit einer Linie, wie sie sich einen Weg durch das Dickicht bahnt!"

 Suchen und Sammeln, Experimentieren, selbstständiges Entdecken, Erfinden, Verändern und Verfremden, Gestalten

 Wahrnehmungsfähigkeit, Konzentrationsfähigkeit, Fantasie und schöpferische Expressivität

## Musikkleckse

**Material:** Papier (mindestens A2), Kreppklebeband, Musik, Musikwiedergabegerät, Temperafarbe, Farbteller, Pinsel, Becher, Edding
**Alter:** ab 5 Jahren

Jedes Kind erhält einen großen Bogen Papier. Dieser wird mit Kreppklebeband auf der Arbeitsfläche festgeklebt. Die Spielleitung stellt Musik an, die die Kinder in Ruhe auf sich einwirken lassen. Mit Farbe und Pinsel bringen sie ihre Assoziationen zum Gehörten als Farbkleckse auf das Papier. Dabei lassen sie ihrer Fantasie freien Lauf und stellen Verbindungen zwischen ihren musikalischen Eindrücken und den Farben her. Das ganze Blatt Papier soll am Ende mit Farbe ausgefüllt sein. Sobald die Farbe auf den Bildern trocken ist, geht das freie Assoziieren weiter. Die Kinder suchen in ihrem Bild nach erkennbaren Elementen. Diese umkreisen sie mit einem schwarzen Edding und erklären den anderen, was diese Elemente für sie darstellen.

Suchen und Sammeln, Experimentieren, selbstständiges Entdecken, Verändern und Verfremden, Gestalten

Materialerfahrung, Grob- und Feinmotorik, Wahrnehmungsfähigkeit, Konzentrationsfähigkeit, Fantasie und schöpferische Expressivität

# Kreativ & klug durch
# *Flexibilität*

## Aktivitäten zur Förderung
## von Beweglichkeit im Denken und Handeln

Flexibilität stammt vom lateinischen Verb „flectere" ab, das so viel wie biegen bedeutet. Flexibilität heißt demzufolge, nicht starr und rigide an festen Vorstellungen festzuhalten, sondern offen und biegsam zu sein, um unterschiedliche Situationen gestalten zu können. Durch Flexibilität können daher neue Lösungsstrategien entwickelt und Erfahrungen in bereits Gelerntes integriert werden.

Materialvielfalt, so glauben viele, steigere die Kreativität der Kinder, da ihnen durch die Vielzahl an Materialien mehr Gestaltungsmöglichkeiten zur Verfügung stehen. Das muss aber nicht so sein, manchmal kann weniger sogar mehr sein – zumal es auch die äußere Situation nicht immer zulässt, dass Materialien immer im Überfluss vorhanden sind. Häufig regt gerade Materialknappheit die Kinder dazu an, besonders kreativ zu sein. Sie lernen flexibel mit den zur Verfügung stehenden Mitteln umzugehen, sie als Ersatz für fehlende Materialien einzusetzen oder mit ihrer Hilfe neue Lösungsideen zu entwickeln. Die Herausforderung ist dabei groß. Gleichzeitig können Kinder in solchen Situationen ihre kreativen Potenziale voll ausleben und ungewöhnliche Lösungen entwickeln, auf die sie unter normalen Umständen so nicht gekommen wären. Das nachfolgende Kapitel bietet zahlreiche Angebote, um mit den Kindern Flexibilität einzuüben und so den kreativen Geist zu nähren.

## Bau eine Höhle!

*Jedes Kind liebt Höhlen, in denen es sich einkuscheln und verstecken kann. Der Bau einer Höhle aus einfachen Alltagsgegenständen schult einen flexiblen Umgang mit unterschiedlichen Materialien und bringt die Kreativität der Kinder zur Entfaltung.*

**Material:** Stühle, Tische, Decken und Tücher
**Alter:** ab 4 Jahren

Die Kinder bauen sich mithilfe von Tischen, Stühlen und Decken eine große Höhle, in der alle beteiligten Kinder Unterschlupf finden. Welche Möglichkeiten bieten dabei die Stühle und die Decken? Wie müssen die Kinder Tische und Stühle stapeln, damit die Höhle stabil ist? Wie müssen zudem die Decken und Tücher drapiert werden, damit die Höhlenkonstruktion von allen Seiten vollständig bedeckt ist und sich die Kinder in der Höhle verstecken können? Die Kinder müssen mit dem vorhandenen Material auskommen. Ob sie es wohl schaffen, eine Höhle zu bauen, in der alle gemeinsam ein Gesellschaftsspiel spielen können? Viel Spaß beim Bau!

 Experimentieren, selbstständiges Entdecken, Erfinden, Verändern und Verfremden, Gestalten

 soziales Verhalten, Wahrnehmungsfähigkeit, Konzentrationsfähigkeit, Lern- und Intelligenzentwicklung, Fantasie und schöpferische Expressivität

## Malen ohne Leinwand

**Material:** Temperafarbe, Farbteller, Pinsel, Becher, Möbel und Gegenstände, die bemalt werden können; evtl. unterschiedliche Malflächen (z. B. Tapete, Zeichenpapier), Tonpapier, Kleber, Schere
**Alter:** ab 4 Jahren

Die Kinder erhalten Temperafarbe und Pinsel, jedoch keine Malfläche. Gemeinsam mit der Spielleitung überlegen sie nun, was sie in der Umgebung als Malfläche nutzen können, z. B. Körper, Stuhl, Tisch, Wand, Schrank. Eine dieser Ideen – z. B. das Bemalen eines Tisches – wird von der Spielleitung aufgegriffen und mit den Kindern gemeinsam realisiert. Die Kinder verzieren den Tisch mit Farbklecksen, Mustern, Blumen, Tieren und Landschaften. Alternativ bestimmt die Spielleitung ein bestimmtes Thema, das die Kinder beim Malen berücksichtigen müssen, z. B. Wiesenblumen- oder Unterwassertisch.

## Variante 1

Die Kinder erhalten zwar Temperafarbe, aber keine Pinsel zum Malen. Gemeinsam überlegen sie sich Alternativen, um die Farben aufzutragen, z. B. mit den Füßen, mit den Händen, mit Schwämmen, mit Bürsten, mit Lappen, mit selbst hergestellten Pinseln aus Naturmaterialien wie Stroh, Bast oder Tannenzweigen. Einige dieser Ideen greift die Spielleitung auf und realisiert sie mit den Kindern.

## Variante 2

Die Kinder sitzen vor einem Zeichenpapier, das sie mithilfe verschiedenfarbigen Tonpapiers, einer Schere und Kleber gestalten sollen. Wie der berühmte Maler Matisse malen sie ihr Bild nicht, sondern zerschneiden oder reißen dazu das Tonpapier in verschiedene Formen, Muster und Motive und kleben diese auf das Zeichenpapier auf.

## Variante 3

Die Kinder erhalten Papier, Pinsel und Temperafarbe. Dieses Mal dürfen sie beim Malen ihre Hände nicht benutzen. Alternativ können sie den Pinsel mit dem Mund oder mit den Füßen führen oder sie verzichten ganz auf den Pinsel und malen direkt mit den Füßen.

 Gestalten, Erfinden, Experimentieren, selbstständiges Entdecken, Suchen und Sammeln, Verändern und Verfremden

 Fantasie und schöpferische Expressivität, Grob- und Feinmotorik, Konzentrationsfähigkeit, Lern- und Intelligenzentwicklung, Materialerfahrung, Persönlichkeitsentwicklung, Selbsterfahrungsprozesse, Wahrnehmungsfähigkeit

## Bilder legen

**Material:** Naturmaterialien (z. B. Blätter, Körner, Steine) oder andere Gegenstände (z. B. Knöpfe, Wolle, Seil), Kleber, Pappe
**Alter:** ab 4 Jahren

Bilder können nicht nur gemalt, sondern auch gelegt werden. Die Kinder erhalten ein Material, aus dem sie ein Bild zusammenlegen. Dies können sie allein oder aber auch gemeinsam tun. Die Spielleitung bestimmt das jeweilige Material, wie zum Beispiel:

- eine Auswahl an Naturmaterialien – oder didaktisch reduziert nur ein Material –, Blätter, Körner, Steine, die die Kinder auf dem Boden auslegen,
- Knöpfe, die die Kinder auf dem Tisch zu Bildern arrangieren,
- Wolle oder Seile, die die Kinder zunächst auf Pappe auslegen, um sie dann mit Kleber zu befestigen.

 Suchen und Sammeln, Experimentieren, selbstständiges Entdecken, Verändern und Verfremden, Gestalten

 Materialerfahrung, Grob- und Feinmotorik, Wahrnehmungsfähigkeit, Konzentrationsfähigkeit

## So-tun-als-ob

*Wer einmal Kinder beim Freispiel beobachtet, wird Zeuge, wie gerne sie in andere Rollen schlüpfen. Dabei lassen sie sich durch fehlende Requisiten nicht abschrecken. Flexibel und kreativ, wie die Kinder sind, wird improvisiert, indem sie Fantasiegegenstände erfinden oder einfach Gegenstände als Ersatz für nicht Vorhandenes einsetzen, z. B. Äste als Rührlöffel, vertrocknete Blätter als leckeren Salat, Rindenstücke als Teller oder einen Baumstumpf als Küchenhocker.*

**Material:** Requisiten zum Verkleiden (z. B. Tücher, Stoffe, Hüte, Schminke, Schuhe, Hosen, Spiegel, Äste, Blätter)
**Alter:** ab 4 Jahren

Die Kinder benötigen Spielraum für improvisierte Rollenspiele. Nicht immer muss dafür eine komplette Requisitenkiste mit Schuhen, Hüten und Kleidern zur Verfügung stehen, oftmals genügen schon alte Gardinen, Stoffbahnen oder Tücher, aus denen sich die Kinder ihre Verkleidung selbst herstellen können. Die Kinder spielen Vater-Mutter-Kind, Cowboy und Indianer, König und Königin, Räuber und Gendarm, Arztspiele, Busfahrer oder gehen in den Supermarkt einkaufen. Um in Ruhe spielen zu können, benötigen die Kinder vor allem Zeit zur freien Gestaltung.

 Suchen und Sammeln, Experimentieren, selbstständiges Entdecken, Erfinden, Verändern und Verfremden, Darstellen

 Materialerfahrung, Grob- und Feinmotorik, soziales Verhalten, Wahrnehmungsfähigkeit, Selbsterfahrungsprozesse, Konzentrationsfähigkeit, Lern- und Intelligenzentwicklung, Fantasie und schöpferische Expressivität, Persönlichkeitsentwicklung

## Linien ohne Punkt und Komma

*Ein Bild zu malen, ohne den Stift zwischendrin abzusetzen, erfordert viel Flexibilität. Die Kinder müssen ad hoc Ideen entwickeln, wie sie das Bild fortsetzen können.*

**Material:** Zeichenpapier, Stifte
**Alter:** ab 5 Jahren

Die Kinder erhalten einen Stift und einen Bogen Papier. Sie malen ein Bild, ohne den Stift zwischendrin abzusetzen. Falls ein Kind Schwierigkeiten mit der Aufgabenstellung hat und nicht mehr weiter weiß, dann darf die Spielleitung dem Kind durch gezielte Fragestellungen weiterhelfen. Beispiele: Das Kind hat in einem Schwung eine Wiese gemalt und möchte jetzt eigentlich mit dem Himmel und den Sternen weitermachen, hat aber keine Idee, wie es – ohne den Stift abzusetzen – an die obere Kante des Blattes kommt. Dann könnte die Spielleitung ihm vorschlagen, einen Baum zu malen, der in den Himmel ragt, um von dort aus zum Himmel zu gelangen. Falls das Kind einen Menschen malen möchte und nicht weiß, wie es sich von den Füßen zu den Haaren vorarbeiten kann, hilft der Ratschlag, ein Muster in die Kleidung zu malen.

## Malen mit dem Riesenpinsel

**Material:** Zeichenpapier, Klebeband, Pinsel, Temperafarbe, Farbteller, Becher, Utensilien, um den Pinsel zu verlängern (z. B. Stöcke, Klebeband)
**Alter:** ab 4 Jahren

Die Kinder befestigen ihr Zeichenpapier mit Klebeband am Boden. Die Spielleitung erklärt ihnen, dass sie sich nicht bücken dürfen, um das Bild zu malen. Gemeinsam überlegen die Kinder, wie sie das Bild im Stehen malen können (z. B. Stab an einem langen Stock mit Klebeband befestigen, den Pinsel mit den Füßen führen, auf den Pinsel ganz verzichten). Die Spielleitung greift die Vorschläge auf und stellt das für die Realisierung fehlende Material zur Verfügung.

 Gestalten, Erfinden, Experimentieren, Suchen und Sammeln, selbstständiges Entdecken, Verändern und Verfremden
 Materialerfahrung, Grob- und Feinmotorik, Lern- und Intelligenzentwicklung, Fantasie und schöpferische Expressivität

 Suchen und Sammeln, Experimentieren, selbstständiges Entdecken, Erfinden, Verändern und Verfremden, Gestalten
 Wahrnehmungsfähigkeit, Konzentrationsfähigkeit, Fantasie und schöpferische Expressivität

## Malen mit der ungeübten Hand

*Das Malen mit der ungeübten Hand ist ein gutes Training für das Gehirn, denn nun wird gegen die Gewohnheit plötzlich die andere Gehirnhälfte beim Malen aktiviert. Das Kind stellt sich flexibel auf die neue Situation ein.*

**Material:** Zeichenpapier, verschiedene Stifte (z. B. Wachsmalstifte, Bleistifte, Buntstifte)
**Alter:** ab 5 Jahren

Jedes Kind erhält einen Bogen Zeichenpapier und wählt einen beliebigen Stift zum Malen aus. Die Kinder erhalten nun die Aufgabe, einmal nicht mit der geübten, sondern mit ihrer ungeübten Hand zu malen. Das heißt, Linkshänder malen hier mit der rechten Hand und Rechtshänder mit der linken Hand. Schnell merken die Kinder, dass das gar nicht so einfach ist, und strengen sich besonders an, um ein schönes Ergebnis zu erzielen.

 Experimentieren, selbstständiges Entdecken, Gestalten
 Grob- und Feinmotorik, Selbsterfahrungsprozesse, Konzentrationsfähigkeit

## Die einhändige Mahlzeit

**Material:** Seile, Teller, Gabeln, Messer, verschiedene Nahrungsmittel (z. B. Banane oder Pellkartoffel)
**Alter:** ab 5 Jahren

Die Kinder bilden Paare. Die Paare stellen sich nebeneinander auf und ein drittes Kind bindet ihre Hände mit einem Seil zusammen. Ihnen wird z. B. ein Teller mit einer ungeschälten Banane serviert. Gemeinsam müssen sie die Banane, trotz der eingeschränkten Bewegungsfähigkeit, verzehren. Wie kann die Banane gemeinsam geschält werden? Wie lässt sie sich am leichtesten schneiden? Wer nimmt die Gabel in die Hand und füttert seinen Partner? Ein großes Tohuwabohu entsteht, das die Kinder gemeinsam bewältigen müssen.

 Experimentieren, selbstständiges Entdecken, Erfinden, Verändern und Verfremden, Darstellen
 Grob- und Feinmotorik, soziales Verhalten, Selbsterfahrungsprozesse, Konzentrationsfähigkeit, Lern- und Intelligenzentwicklung

## Sprechen ohne Worte

**Material:** Zeichenpapier, Stifte
**Alter:** ab 5 Jahren

Die Spielleitung legt einen Zeitraum von etwa einer halben Stunde fest, in dem die Kinder zwar nach Lust und Laune miteinander kommunizieren sollen, jedoch ohne dabei zu sprechen. Das heißt, die Kinder müssen sich Lösungsmöglichkeiten überlegen, wie sie sich trotz Schweigen miteinander verständigen können. Dabei kommen die Kinder sicher auf die unterschiedlichsten Lösungen, z. B. Darstellung durch Pantomime, Entwicklung einer einfachen Gebärdensprache, Aufmalen von Informationen oder Einsatz einer vorab bereits entwickelten Geheimsprache. Gemeinsam setzen sie die verschiedenen Lösungen in die Tat um.

 Suchen und Sammeln, Experimentieren, selbstständiges Entdecken, Erfinden, Verändern und Verfremden, Darstellen, Gestalten
soziales Verhalten, Konzentrationsfähigkeit, Fantasie und schöpferische Expressivität

*Kreativ & klug durch Flexibilität*

## Das Märchenknäuel

**Material:** Zettel, Buntstift, Wollknäuel, Nadel
**Alter:** ab 5 Jahren

Die Kinder sitzen im Stuhlkreis. Sie erhalten jeweils einen Zettel, auf den sie einen Begriff malen, der in einem Märchen oder einer Geschichte vorkommen könnte (z. B. Schloss, Baum, Rose, Wiese, Fee, Auto, Kutsche, Engel). Die Zettel werden durch die Spielleitung willkürlich mit Nadel und Wollfaden aufgefädelt und anschließend wieder zu einem Knäuel zusammengewickelt. Ein Kind nimmt sich das Knäuel und wickelt es bis zum ersten Zettel auseinander. Den dargestellten Begriff auf dem Zettel baut es in eine Geschichte ein, die es sich spontan einfallen lässt. Anschließend wirft es das Knäuel zu einem beliebigen Mitspieler in der Runde. Dabei behält es das Ende des Wollfadens fest im Griff. Das Kind, das das Knäuel gefangen hat, entwirrt das Wollknäuel bis zum nächsten Zettel, baut wiederum seinen Begriff in die Geschichte des ersten Kindes ein, um dann das Knäuel zum nächsten Kind zu werfen usw. Dabei achten die Kinder immer darauf, dass sie ihren Teil des Wollfadens festhalten, bevor sie das Knäuel zum nächsten Kind befördern. Das Spiel endet, sobald der Begriff auf dem letzten Zettel in die Geschichte eingebunden wurde. Auf diese Art und Weise erfinden die Kinder gemeinsam eine fantasievolle Geschichte, die ebenso miteinander verwoben ist, wie die Fäden, die jetzt in der Mitte des Stuhlkreises ein Netz gebildet haben.

 Experimentieren, selbstständiges Entdecken, Erfinden, Verändern und Verfremden, Darstellen

 soziales Verhalten, Selbsterfahrungsprozesse, Konzentrationsfähigkeit, Lern- und Intelligenzentwicklung, Fantasie und schöpferische Expressivität, Persönlichkeitsentwicklung

## Paradoxes Malen

*Kinder fragen häufig, was sie malen sollen. Um sie aus ihren Gewohnheiten herauszureißen, können zur Abwechslung auch einmal paradoxe Vorgaben gegeben werden. Solche Vorgaben, wie z. B. Geschmack, Düfte oder Luft farblich oder motivisch darzustellen, erfordern viel Flexibilität und Kreativität in der Umsetzung, da das Gehirn dafür keine vorgefertigten Bilder abgespeichert hat. Die Kinder müssen eigene Lösungen dazu entwickeln.*

**Material:** Zeichenpapier, Buntstifte, Filzstifte, Temperafarbe, Farbteller, Pinsel, Becher
**Alter:** ab 5 Jahren

Die Kinder sitzen vor einem Zeichenpapier und haben unterschiedliche Stifte zum Malen zur Auswahl. Die Spielleitung gibt z. B. folgende Anregungen:
- Male, wie die Schokolade geschmeckt hat!
- Male die Farbe des Windes!
- Male die Töne des Liedes!
- Male den duftenden Frühling!
- Male die Kälte des Winters!
- Male den Waldgeruch des Herbstes!
- Male die Nässe des Wassers!
- Male die Trockenheit der Wüste!
- Male den Duft eines Bratapfels!

 Suchen und Sammeln, Experimentieren, selbstständiges Entdecken, Erfinden, Verändern und Verfremden, Gestalten

 Wahrnehmungsfähigkeit, Selbsterfahrungsprozesse, Konzentrationsfähigkeit, Lern- und Intelligenzentwicklung, Fantasie und schöpferische Expressivität

## Stellt Euch vor ...

*Flexibilität zeigt sich daran, ob jemand an etwas starr festhält oder auch Alternativen zur Lösung eines Problems in Betracht zieht. Das nachfolgende Angebot will die Flexibilität der Kinder aktivieren und sie auf alternative Handlungsmöglichkeiten aufmerksam machen.*

**Alter:** ab 5 Jahren

Die Kinder sitzen im Stuhlkreis zusammen. Die Spielleitung regt die Kinder durch die nachfolgenden Fragestellungen dazu an, umzudenken. Stellt Euch vor:
- „Ihr habt kein Trinkgefäß, woraus ließe sich dennoch trinken?"
- „Ihr habt keinen Suppenlöffel, wie könntet Ihr dennoch die Suppe essen?"
- „Ihr habt keinen Hammer, wie könntet Ihr dennoch einen Nagel einschlagen?"
- „Ihr möchtet Musik machen, habt aber keine Musikinstrumente. Mit welchen Materialien könntet Ihr z. B. Rhythmusinstrumente bauen?"

Durch gezielte Fragen können die Kinder zudem Ideen entwickeln, wie Alltagsgegenstände umfunktioniert werden können:
- „Was kann mit einem Löffel alles gemacht werden?"
- „Wozu kann ein Stück Pappe, wie z. B. eine Toilettenpapierrolle, gebraucht werden?"
- „Was kann mit einem Stuhl gemacht werden?"
- „Wozu lässt sich ein Seil oder ein Besen nutzen?"
- „Was kann mit Steinen gemacht werden?"

 Suchen und Sammeln, selbstständiges Entdecken, Erfinden, Verändern und Verfremden
 Konzentrationsfähigkeit, Lern- und Intelligenzentwicklung, Fantasie und schöpferische Expressivität, Persönlichkeitsentwicklung

## Schriftloser Brief

**Material:** Papier, Stifte, Temperafarbe, Farbteller, Pinsel, Becher, Schere, alte Zeitschriften und Magazine, Kleber
**Alter:** ab 6 Jahren

Die Kinder finden sich zu Paaren zusammen. Die Spielleitung fordert sie auf, sich gegenseitig einen Brief zu schreiben, ohne aber wirklich zu schreiben. Die Kinder tauschen sich aus, wie sie diese Aufgabenstellung umsetzen möchten, z. B. könnten sie den Brief malen oder eine Briefcollage herstellen, indem sie Bilder und Buchstaben ausschneiden und aufkleben usw. Die Spielleitung stellt die Materialien zur Verfügung, die von den Kindern zur Lösung der Aufgabenstellung benötigt werden.

Suchen und Sammeln, Experimentieren, selbstständiges Entdecken, Erfinden, Verändern und Verfremden, Gestalten
Materialerfahrung, Grob- und Feinmotorik, soziales Verhalten, Konzentrationsfähigkeit, Lern- und Intelligenzentwicklung, Fantasie und schöpferische Expressivität

# Kreativ & klug durch *Spontaneität*

### Aktivitäten zur Förderung freien und unmittelbaren Handelns

Spontaneität geht zurück auf das französische Wort „spontanéité" und bezeichnet die Eigenschaft des Menschen, schnell und ad hoc auf Situationen reagieren zu können. Die Reaktion auf eine Situation erfolgt aus einem inneren Impuls heraus und ist für die Personen in der Umgebung häufig überraschend.

Unsere heutige Gesellschaft hingegen ist geprägt durch ein Übermaß an Organisation und Planung, um die Vielzahl an Aufgaben, die der moderne Mensch im Alltag erledigen muss, überhaupt noch bewältigen zu können. Alles dreht sich um die Zeit, besser gesagt, um die nicht vorhandene Zeit. Dies zeigt sich bereits bei kleinen Kindern, deren Freizeit mit diversen Aktivitäten, wie z. B. Ballettunterricht, musikalische und gestalterische Früherziehung oder Sport, verplant ist. Selbst kleine Kinder verfügen heute schon über Terminkalender, damit sie den Überblick über ihre Aktivitäten behalten können.

Bei allem bleibt kaum noch Spielraum für Spontaneität. Das vorgegebene Arbeitspensum wird ohne wirkliche Begeisterung absolviert und die Fähigkeit, plötzlichen inneren Eingebungen zu folgen und spontan Entscheidungen zu treffen, geht verloren. Dabei gehört gerade Spontaneität zu den Schlüsselqualifikationen, die im hektischen und stressigen Berufsalltag später von allen eingefordert wird. Doch, wo soll diese Fähigkeit herkommen, wenn es immer weniger Möglichkeiten und Freiräume für spontanes Handeln gibt?

Das nachfolgende Kapitel umfasst eine Vielzahl an Spielen und Übungen, die spontanes Reagieren fördern. Dabei spielen Intuition, Erfahrung, Gefühle und Entschlusskraft eine wichtige Rolle. Es gilt, den eigenen Gefühlen zu vertrauen, auf das Bauchgefühl zu hören und sich kurzfristig auf neue Situationen einzustellen.

## Gummibärchenorakelbilder

**Material:** Gummibärchen, Zeichenpapier A3, Temperafarbe in den Farben der Gummibärchen, Farbteller, Pinsel, Becher
**Alter:** ab 4 Jahren

Jedes der Kinder greift blind in eine Gummibärchentüte und nimmt etwa zwanzig Gummibärchen aus der Verpackung – überzählige Gummibärchen werden durch die Spielleitung auf die Seite gelegt. Diese sortieren die Kinder nach Farben. Die Menge einer jeden Farbe bestimmt, in welchem Mengenverhältnis eine Farbe im Bild vorkommen soll. Hat ein Kind z. B. besonders viele rote Gummibärchen gezogen, dann ist rot die vorherrschende Farbe im Bild. Hat es zudem nur ein gelbes Gummibärchen, dann wird die gelbe Farbe nur sehr schwach im Bild vertreten sein. Die Leinwand müssen die Kinder vollständig mit Farbe ausfüllen. Haben alle Kinder ihre Bilder gemalt, überprüfen sie gegenseitig, ob sie sich an das Mengenverhältnis gehalten haben. Abschließen dürfen alle Kinder ihre Gummibärchen verputzen.

 Suchen und Sammeln, Experimentieren, selbstständiges Entdecken, Gestalten
Materialerfahrung, Grob- und Feinmotorik, Wahrnehmungsfähigkeit, Lern- und Intelligenzentwicklung, Fantasie und schöpferische Expressivität

## Kaiser, Kaiser mit welchen Farben darf ich malen?

**Material:** Zeichenkarton, Klebeband, Temperafarbe, Farbteller, Pinsel, Becher
**Alter:** ab 5 Jahren

Die Kinder bilden zwei Gruppen, die jeweils ein Bild malen. Die Spielleitung befestigt dafür pro Gruppe einen Zeichenkarton in Arbeitshöhe an die gegenüberliegenden Wände. Jedes Kind in der Gruppe wählt sich eine andere Farbe aus, die es in einem Becher in der einen Hand hält. In der anderen Hand befindet sich der Pinsel. Ein Kind – oder die Spielleitung – spielt den Kaiser, der sich zwei farbenfrohe Bilder malen lässt. Die Kinder rufen ihm zu: „Kaiser, Kaiser, welche Farbe sollen wir dir malen?" Der Kaiser antwortet mit einer Farbe. Daraufhin laufen die Kinder, die diese Farbe gewählt haben, zum Zeichenkarton und malen mit der Farbe etwas auf den Karton. Danach laufen sie zurück und das Spiel beginnt von Neuem. Gespielt wird solange, bis eine Gruppe ihren Zeichenkarton komplett mit Farbe bedeckt hat. Das Ergebnis ist ein farbenfrohes, abstraktes Bild, das in einer Bildergalerie im Raum ausgehängt werden kann.

 Suchen und Sammeln, Experimentieren, selbstständiges Entdecken, Erfinden, Verändern und Verfremden, Gestalten
 Materialerfahrung, Grob- und Feinmotorik, soziales Verhalten, Wahrnehmungsfähigkeit, Lern- und Intelligenzentwicklung, Fantasie und schöpferische Expressivität

## Spontanes Gestalten mit Papier, Farbe, Stoff

**Material:** 2 zusammengeklebte Leinwände, Temperafarbe, Farbteller, Pinsel, Becher, Schere, verschiedene Papiersorten und Stoffe, Kleber, Musik, Musikwiedergabegerät
**Alter:** ab 5 Jahren

Die Kinder bilden zwei oder mehrere Gruppen. Jede Gruppe fixiert ihre Leinwand mit Klebeband auf dem Boden. Um die Leinwand verteilt, stehen Farbtöpfe mit Pinseln sowie Klebstoffflaschen und es liegen Scheren, verschiedene Papiersorten und textile Materialien aus. Die Kinder bewegen sich nach Musik durch den Raum. Von Zeit zu Zeit schaltet die Spielleitung die Musik aus und ruft entweder Papier, Farbe oder Stoff. Die Kinder laufen Richtung Leinwand, wählen das entsprechende Material aus und gestalten die Leinwand: Sie malen, schneiden aus und kleben, je nach Vorgabe. Sobald alle Kinder fertig sind, erklingt die Musik aufs Neue. Das Spiel endet, sobald ein schönes, abstraktes Kunstwerk entstanden ist.

**Hinweis:** Die Spielleitung muss gewährleisten, dass von den vorgegebenen Materialien reichlich vorhanden ist, damit auch alle Kinder sich am Spiel beteiligen können!

 Suchen und Sammeln, Experimentieren, selbstständiges Entdecken, Gestalten
 Materialerfahrung, Grob- und Feinmotorik, soziales Verhalten, Fantasie und schöpferische Expressivität

## Geschichten & Gedichte malen

**Material:** Zeichenpapier A3, Temperafarbe, Farbteller, Pinsel, Becher, eine Geschichte oder ein Gedicht (z. B. von Guggenmoos)
**Alter:** ab 5 Jahren

Die Kinder sitzen an einem Tisch, vor ihnen liegt jeweils ein Zeichenpapier, daneben steht ein Farbteller mit verschiedenen Temperafarben. Die Spielleitung liest eine kleine Geschichte oder ein Gedicht (z. B. „Sieben kecke Schnirkelschnecken ..." von Guggenmoos) vor. Dabei fügt die Spielleitung während des Vorlesens an inhaltlich geeigneten Stellen Pausen von etwa drei bis fünf Minuten ein. Diese Pausen nutzen die Kinder dazu, das Gehörte zu Papier zu bringen. Die Kinder malen das, was ihnen spontan einfällt und sie zum Malen inspiriert. Hat die Spielleitung das Vorlesen beendet, sind auch die Bilder der Kinder fast fertig. Sie zeigen sich gegenseitig, was sie gemalt haben, und erzählen, was sie sich spontan merken konnten und sie zum Malen animiert hat.

 Suchen und Sammeln, selbstständiges Entdecken, Erfinden, Verändern und Verfremden, Gestalten
 Grob- und Feinmotorik, soziales Verhalten, Konzentrationsfähigkeit, Lern- und Intelligenzentwicklung, Fantasie und schöpferische Expressivität

## Ideenfries

**Material:** 2 zusammengeklebte Tapetenbahnen, Klebeband, Wachsmalstifte
**Alter:** ab 5 Jahren

Die Kinder malen ein gemeinsames Bild. Dazu fixiert die Spielleitung die Malfläche auf dem Boden und benennt ein Thema (z. B. Feuerwehr, Hänsel und Gretel, Wind und Wasser, Sport, Weihnachten, Sommer, Bauernhof, Zoo). Jedes Kind nimmt sich einen Wachsmalstift und malt nun das, was ihm gerade zu diesem Thema einfällt; dazu haben die Kinder fünf Minuten Zeit. Nach Ablauf dieser Zeit betrachtet die Gruppe gemeinsam ihr Bild und jedes Kind erzählt, was es spontan gemalt hat.

Suchen und Sammeln, Experimentieren, selbstständiges Entdecken, Erfinden, Verändern und Verfremden, Gestalten

Grob- und Feinmotorik, soziales Verhalten, Wahrnehmungsfähigkeit, Konzentrationsfähigkeit, Lern- und Intelligenzentwicklung, Fantasie und schöpferische Expressivität, Persönlichkeitsentwicklung

## Wechselbilder

**Material:** Zeichenkarton A2, Klebeband, Temperafarbe, Farbteller, Pinsel, Becher, Musik, Musikwiedergabegerät
**Alter:** ab 5 Jahren

Die Kinder bilden mehrere kleine Malgruppen, die sich jeweils in einem Kreis auf den Boden setzen. Jedes Kind erhält einen Zeichenkarton, der auf dem Fußboden fixiert wird, und eine Auswahl unterschiedlicher Farben auf einem Teller. Die Kinder beginnen mit dem Malen, sobald die Spielleitung Musik angestellt hat. Nach acht bis zehn Minuten stoppt die Musik, jetzt tauschen die Kinder einer Gruppe die Bilder im Uhrzeigersinn aus und ergänzen das Bild des Nachbarn. Dabei lassen sie sich spontan von der neuen Malvorlage inspirieren. Dieser Vorgang wiederholt sich, bis jedes Kind auf jede Vorlage der eigenen Gruppe etwas gemalt hat. Für Kinder ist es spannend, sich immer wieder spontan auf ein neues Bild einzulassen; oftmals sorgen die Ergebnisse für viele Überraschungen.

Suchen und Sammeln, Experimentieren, selbstständiges Entdecken, Verändern und Verfremden, Gestalten

Materialerfahrung, Grob- und Feinmotorik, soziales Verhalten, Wahrnehmungsfähigkeit, Selbsterfahrungsprozesse, Fantasie und schöpferische Expressivität, Persönlichkeitsentwicklung

## Spontane Kubisten

**Material:** 1 große Leinwand (zugeschnitten auf 1 m × 1 m), Temperafarben in den Farben des Farbwürfels, Farbteller, Pinsel, Becher, Zahlen-, Farben- und Formenwürfel
**Alter:** ab 5 Jahren

Die Kinder sitzen am Spieltisch, in ungefähr sechs Metern Entfernung liegt eine Leinwand auf dem Boden. Davor stehen die Malutensilien für die Kinder. Die Kinder würfeln mit dem Zahlenwürfel, bis eines der Kinder eine Sechs gewürfelt hat. Jetzt nimmt es sich den Farben- und den Formenwürfel und würfelt Farbe und Form für das Malen aus. Es rennt zur Malfläche, sucht sich die entsprechende Temperafarbe aus und bringt die erwürfelte Form auf die Leinwand. Dabei überlegt es sich, wie es die Form in konkrete Gegenstände einbauen kann (das blaue Dreieck wird z. B. zum Dach eines Hauses). Es darf immer nur derjenige malen, der eine Sechs gewürfelt hat. Das Spiel ist beendet, sobald die Kinder keine Lust mehr zum Malen haben oder keine Form mehr auf die Leinwand passt.

 Experimentieren, selbstständiges Entdecken, Erfinden, Verändern und Verfremden, Gestalten

 Grob- und Feinmotorik, soziales Verhalten, Wahrnehmungsfähigkeit, Konzentrationsfähigkeit, Lern- und Intelligenzentwicklung, Fantasie und schöpferische Expressivität

## Sechser im Lotto

**Material:** 1 große Leinwand (zugeschnitten auf 1 m × 1 m), Temperafarbe, Farbteller, Pinsel, Becher, Zahlenwürfel
**Alter:** ab 5 Jahren

Die Kinder sitzen am Spieltisch, in ungefähr sechs Metern Entfernung liegt eine Leinwand auf dem Boden. Davor stehen die Malutensilien für die Kinder. Die Kinder würfeln, bis eines eine Sechs gewürfelt hat. Es rennt zur Malfläche und malt ein Motiv auf die Leinwand, bis der nächste eine Sechs würfelt. Jetzt ist dieses Kind mit Malen dran. Dabei steht es ihm frei, ob es sich von dem vorab Gemalten inspirieren lässt, das Bild ggf. sogar fortsetzt oder etwas Eigenes malt. Die anderen Kinder würfeln in der Zwischenzeit weiter, bis der nächste Tausch durch eine Sechs eingeleitet wird. Das Spiel endet, sobald das Bild voll ist. Die Kinder ergänzen gemeinsam einen Hintergrund.

 Suchen und Sammeln, Experimentieren, selbstständiges Entdecken, Erfinden, Verändern und Verfremden, Gestalten

 Materialerfahrung, Grob- und Feinmotorik, soziales Verhalten, Wahrnehmungsfähigkeit, Selbsterfahrungsprozesse, Konzentrationsfähigkeit, Lern- und Intelligenzentwicklung, Fantasie und schöpferische Expressivität, Persönlichkeitsentwicklung

## Theater aus der Truhe

**Material:** verschiedene Requisiten (z. B. Hüte, Schuhe, Stoffe, Kronen, Kleider, Blusen, Röcke, Hosen, Tücher, Schmuck)
**Alter:** ab 5 Jahren

Die Spielleitung stellt einen Koffer mit verschiedensten Kleidungsstücken und Accessoires zusammen und platziert ihn an einer freien Stelle im Raum. Die Kinder öffnen den Koffer, ziehen sich jeweils willkürlich einen Gegenstand aus dem Koffer heraus und bilden einen Stuhlkreis. Sie betrachten die ausgewählten Gegenstände und überlegen sich, wer normalerweise solche Kleidung trägt und für welche Rolle die Accessoires verwendet werden können. Jedes Kind erhält jetzt auf der Grundlage seines Kleidungsstücks oder Accessoires eine Rolle und es wird ein kleines spontanes Rollenspiel auf die Beine gestellt.

 Suchen und Sammeln, Experimentieren, selbstständiges Entdecken, Erfinden, Verändern und Verfremden, Darstellen
 soziales Verhalten, Selbsterfahrungsprozesse, Konzentrationsfähigkeit, Lern- und Intelligenzentwicklung, Fantasie und schöpferische Expressivität, Persönlichkeitsentwicklung

## Unterhaltung aus dem Stegreif

**Material:** Zettel mit Worten, Sätzen, Fragen oder Abbildungen
**Alter:** ab 6 Jahren

Die Spielleitung bereitet Zettel vor, auf denen sich Wörter, ganze Sätze, Fragen oder aber auch nur Abbildungen befinden können, und verteilt diese im ganzen Raum auf dem Boden. Die Kinder bewegen sich durch den Raum, heben jeweils einen Zettel vom Boden auf und bauen die auf dem Zettel befindlichen Inhalte in eine Stegreifunterhaltung mit einem in der Nähe stehenden Kind ein. Dabei kommen die lustigsten Unterhaltungen zustande, da die Inhalte auf den Zetteln manchmal so gar nicht zueinander passen wollen.

 Suchen und Sammeln, Experimentieren, selbstständiges Entdecken, Erfinden, Verändern und Verfremden, Darstellen
 soziales Verhalten, Wahrnehmungsfähigkeit, Selbsterfahrungsprozesse, Konzentrationsfähigkeit, Lern- und Intelligenzentwicklung, Fantasie und schöpferische Expressivität, Persönlichkeitsentwicklung

## Puppentheater aus dem Koffer

**Material:** Gebrauchsgegenstände (z. B. Plastikflasche, Becher, Tasse, (Rühr-)Löffel, Gabel, Quaste, verschiedene Bürsten, (Taschen-)Tücher, Strümpfe, Mützen), Koffer
**Alter:** ab 6 Jahren

Die Kinder öffnen einen Koffer, der mit verschiedenen Gebrauchsgegenständen bestückt ist. Mit dem Inhalt des Koffers erarbeiten sie ein spontanes Puppenspiel. Die im Koffer befindlichen Gegenstände werden dabei entfremdet und stehen stellvertretend für Figuren in einem Puppentheater. Welche Rollen übernehmen Flasche, Becher, Rührlöffel oder Messbecher? Um welche Handlung geht es? Über was unterhalten sich die Figuren?

 Suchen und Sammeln, Experimentieren, selbstständiges Entdecken, Erfinden, Verändern und Verfremden, Darstellen

 soziales Verhalten, Selbsterfahrungsprozesse, Konzentrationsfähigkeit, Lern- und Intelligenzentwicklung, Fantasie und schöpferische Expressivität, Persönlichkeitsentwicklung

## Stegreiftheater mit ABC-Sätzen

*Das Stegreiftheater stellt eine Form des modernen Improvisationstheaters dar. Meist wird dabei die Handlung erst im Verlauf des Stückes erarbeitet, sodass sich die Akteure immer wieder spontan auf neue Situationen einstellen müssen. Bühne, Verkleidung sowie Kulissen sind dafür nicht unbedingt erforderlich.*

**Material:** pro Kind ein nummeriertes Kärtchen mit Spielanleitung
**Alter:** ab 6 Jahren

Die Kinder bilden Fünfer-Gruppen. Die Spielleitung bereitet für die Spielimprovisationen durchnummerierte Kärtchen in der Anzahl der Gruppenmitglieder vor. Diese legen zum einen die Reihenfolge fest, in der die Spieler agieren, und zum anderen geben sie einen Rahmen für die Improvisation vor, z. B. jeder neue Satz der improvisierten Unterhaltung beginnt mit dem jeweils nachfolgenden Buchstaben des Alphabets.

**Beispiel für ABC-Sätze:**
1. Spieler: **A**bends ist es zurzeit sehr kalt.
2. Spieler: **B**esonders, wenn Vollmond ist.
3. Spieler: **C**aroline sitzt abends gerne draußen und beobachtet den Sternenhimmel bei Vollmond usw.

## Variante

Die Spieler unterhalten sich in ihrer durchnummerierten Reihenfolge. Dabei muss jeder gesprochene Satz mit dem Wort beginnen, mit dem der Spieler vor ihm geendet hat.

**Beispiel für Wortfolge:**
1. Spieler: Heute scheint die Sonne mal **wieder.**
2. Spieler: **Wieder** einmal leide ich deshalb unter **Sonnenbrand.**
3. Spieler: **Sonnenbrand** ist ungesund, du solltest dich eincremen usw.

 Suchen und Sammeln, Experimentieren, selbstständiges Entdecken, Erfinden, Darstellen

 Konzentrationsfähigkeit, Lern- und Intelligenzentwicklung, Fantasie und schöpferische Expressivität, Persönlichkeitsentwicklung

## Stegreiftheater – Spielanregungen

**Material:** verschiedene Requisiten (z. B. Hut, Regenschirm, Kleidung), Reisekoffer
**Alter:** ab 6 Jahren

Die Kinder improvisieren ein spontanes Theaterstück. Die Spielleitung packt dazu unterschiedliche Requisiten in eine Reisetasche – mindestens in der Anzahl der Kinder. Jedes Kind zieht blind einen Gegenstand aus der Tasche. Gemeinsam improvisieren die Kinder in kürzester Zeit ein Theaterspiel, in dem alle gezogenen Gegenstände vorkommen müssen. Weitere Spielanregungen für das Stegreiftheater:

1. Die Spielleitung bereitet Zettel vor, auf denen Kombinationen von einem Gegenstand/Ort mit bestimmten Aktionen angegeben sind, z. B. „Schachtel – öffnen" oder „Baum – klettern". Die Zettel liegen verdeckt auf dem Boden aus; jedes Kind zieht eine Karte und integriert die Begriffe in eine kleine Spielsequenz. Ist die Spielsequenz abgeschlossen, ist das nächste Kind an der Reihe. Dieses zieht eine neue Karte und integriert seine Aktion ebenfalls in die Geschichte.
2. Witze oder Bildwitze, wie z. B. die Geschichten von Papa Moll und seinem Sohn von E. O. Plauen nachspielen.
3. Lieder nachspielen, z. B. „Der Jäger aus Kurpfalz", „Ich kenne einen Cowboy", „Hänschen klein".
4. Pantomimisch Redewendungen darstellen.
5. Zeitungsartikel nachspielen.

 Suchen und Sammeln, Experimentieren, selbstständiges Entdecken, Erfinden, Verändern und Verfremden, Darstellen
 soziales Verhalten, Selbsterfahrungsprozesse, Konzentrationsfähigkeit, Lern- und Intelligenzentwicklung, Fantasie und schöpferische Expressivität, Persönlichkeitsentwicklung

*Kreativ & klug durch* Spontaneität

## Anagramm

*Als Anagramm wird die Umstellung der Buchstaben eines Wortes zu einem neuen Wort bezeichnet. Kinder lieben es, selbst Anagramme zu erfinden, und lernen dadurch den kreativen Umgang mit Sprache.*

**Material:** Papier, Bleistift
**Alter:** ab 6 Jahren

Die Kinder erhalten Papier und Stift und stellen die Buchstaben ihres Namens so um, dass daraus ein neuer klangvoller und ausgefallener Name entsteht. Dazu haben sie zwei Minuten Zeit. Die knappe Zeitvorgabe soll bewirken, dass die Kinder möglichst spontan beim Mischen der Buchstaben ihres Namens vorgehen – ohne lange zu überlegen. Ihre neuen Pseudonyme stellen die Kinder sich anschließend gegenseitig vor.

**Beispiel für Anagramm:** Michaela Lange – Aichamel Nagel

Die gleiche Technik können die Kinder auch verwenden, um eine Geheimsprache zu erfinden.

**Beispiel für Geheimsprache:** „Der Tisch ist gedeckt" könnte dann „Erd Ischt sti edecktg" heißen.

 Experimentieren, selbstständiges Entdecken, Erfinden, Verändern und Verfremden, Gestalten

 soziales Verhalten, Wahrnehmungsfähigkeit, Konzentrationsfähigkeit, Lern- und Intelligenzentwicklung, Fantasie und schöpferische Expressivität, Persönlichkeitsentwicklung

# Kreativ & klug durch
# *Individualität und Originalität*

## Aktivitäten zur Förderung der Einzigartigkeit und Unverwechselbarkeit

Individualität stammt aus dem Lateinischen und bedeutet „Ungeteiltheit". Hinter ihr verbirgt sich die Fähigkeit, als Mensch für sich zu stehen und sich von anderen zu unterscheiden. Sie bezieht sich somit auf die Einzigartigkeit und Besonderheit von Menschen.

Der Individualität verwandt ist der Begriff Originalität. Seine Sprachwurzeln liegen im Begriff Original (lat. ursprünglich, echt). Wir sprechen in Museen ehrfürchtig von Originalen und bewundern dabei den Einfallsreichtum des Künstlers. Einfälle haben einen sehr persönlichen, selbsttätigen und subjektiven Charakter. Ein Mensch, der originelle Einfälle hat, kupfert nicht einfach irgendetwas ab, nutzt irgendwelche Vorlagen oder vervielfältigt etwas, sondern schafft etwas „Echtes" und „Ursprüngliches", das aus der eigenen Person heraus entstanden ist.

Viele Einrichtungen machen den Fehler, dass sie viel zu schablonenhaft mit den Kindern arbeiten, indem sie ihnen z. B. Vorlagen zum Ausmalen an die Hand geben. Das Ergebnis sind dann z. B. 25 Bilder mit Marienkäfern in gleicher Größe, im gleichen Rot, mit gleicher Anzahl an schwarzen Punkten, auf gleich großen Flügeln. Das einzige Unterscheidungsmerkmal ist dann nur noch der

*Kreativ & klug durch* Individualität und Originalität

Name des Kindes auf dem Bild. Wo bleibt hier die Individualität und die Originalität? Sie weicht einer gestalterischen Uniformierung, ohne jede Kreativität. Individuelle Gestaltung und Originalität bleiben dabei auf der Strecke. Individualität und Originalität hingegen kommen dort zum Tragen, wo den Ideen, der Kreativität und Fantasie eines jeden einzelnen Kindes Rechnung getragen wird: dort, wo Kinder ihre Marienkäfer so gestalten können, wie sie das möchten, z. B. als riesigen, violetten Marienkäfer, mit einem kleinen oder vier großen Punkten in verschiedenen Farben. Eins ist sicher, diese Marienkäfer bräuchten nicht mit den Namen der Kinder beschriftet werden, sie wären auch ohne Namen leicht zuzuordnen.

Die nachfolgenden Angebote ermöglichen experimentelles und individuelles Gestalten. Dabei spielen „richtig" und „falsch" keine Rolle, die Kinder dürfen ihre Kreativität ohne Einschränkungen ausleben – ohne Scheu, Leistungsdruck, Bewertung und Vorlagen. So schafft jedes Kind Originale, die seine Einzigartigkeit und Persönlichkeit ausdrücken.

## Umrissbild

**Material:** Tapetenbahnen in der Größe der Kinder, Klebeband, Edding, Temperafarbe, Farbteller, Pinsel, Becher, großer Spiegel
**Alter:** ab 5 Jahren

Die Kinder bilden Paare. Ein Kind legt sich auf eine Tapetenbahn, die auf dem Boden mit Klebeband fixiert ist. Das andere Kind umfährt den Körperumriss mit dem Edding. Anschließend wechseln die Personen. Dann beginnt das Ausmalen des eigenen Umrisses. Bei Bedarf betrachten sich die Kinder in einem Spiegel, der in unmittelbarer Nähe zu den Tapetenbahnen aufgestellt ist. Die Kinder fragen sich: Wie lang sind meine Haare, welche Kleidung trage ich heute, wie sieht meine Brille oder mein Haarschmuck aus usw.? Nach Fertigstellung des Bildes besitzt jedes Kind ein individuelles Ganzkörperabbild der eigenen Person – ein echtes Original.

 Suchen und Sammeln, selbstständiges Entdecken, Erfinden, Gestalten
 Materialerfahrung, Grob- und Feinmotorik, soziales Verhalten, Selbsterfahrungsprozesse, Konzentrationsfähigkeit, Fantasie und schöpferische Expressivität, Persönlichkeitsentwicklung

## Malen eines Selbstporträts

**Material:** pro Kind 1 Taschenspiegel, Zeichenpapier, Buntstifte, Wachsmalstifte, Temperafarbe, Farbteller, Pinsel, Becher
**Alter:** ab 5 Jahren

Die Kinder sitzen am Tisch, vor ihnen steht oder liegt ein Spiegel. Die Spielleitung teilt Zeichenpapier aus und beauftragt die Kinder, ein Porträt von sich zu malen. Dazu schauen sie immer wieder in den Spiegel, um die Besonderheiten ihres Gesichtes herauszufinden und auf das Porträt zu übertragen: Wo sitzen die Augen im Vergleich zu den Ohren? Wie lang ist die Nase und welche Form hat sie? Welche Farben haben die Augen? Wie groß ist der Mund? Sind Sommersprossen zu sehen? Wie sieht die Frisur aus? Soll die Kette auch auf das Bild?

 Suchen und Sammeln, Experimentieren, selbstständiges Entdecken, Gestalten
 Grob- und Feinmotorik, Wahrnehmungsfähigkeit, Selbsterfahrungsprozesse, Lern- und Intelligenzentwicklung, Fantasie und schöpferische Expressivität, Persönlichkeitsentwicklung

## Ich-Ausstellung

**Material:** pro Kind 1 großer Schuhkarton ohne Deckel, Kleber, Stifte, Schere, diverse gesammelte Gegenstände
**Alter:** ab 5 Jahren

Jedes Kind bekommt seine eigene Schuhschachtel. Die Kinder nutzen diese als Miniatur-Ausstellungsraum. Dazu stellen sie die Schachtel auf eine lange Schmalseite und füllen und bekleben ihren Innenraum mit Gegenständen, die für sie typisch sind. So können in dieser Schachtel persönliche Porträtfotos ebenso ihren Platz finden wie Spielzeugautos, Puppen, Teddys oder Naturmaterialien. Sie können hier Hinweise auf ihre Hobbys geben oder Verpackungsmaterial der Nahrungsmittel einkleben, die sie gerne essen. Das gleiche gilt für Eintrittskarten vom Zoo, Ansichtskarten oder vieles mehr. Sind alle Schachteln gestaltet, kommt es zur Ausstellung. Jedes Kind erzählt, was in der Schachtel zu sehen ist.

- Suchen und Sammeln, Experimentieren, selbstständiges Entdecken, Erfinden, Verändern und Verfremden, Darstellen, Gestalten
- Materialerfahrung, Wahrnehmungsfähigkeit, Selbsterfahrungsprozesse, Konzentrationsfähigkeit, Lern- und Intelligenzentwicklung, Persönlichkeitsentwicklung

## Erinnerungsbox

**Material:** pro Kind 1 Schuhkarton, diverse gesammelte Gegenstände
**Alter:** ab 5 Jahren

Die Kinder sammeln über einen längeren Zeitraum in ihrem Schuhkarton Erinnerungsstücke an schöne Erlebnisse, wie z. B. Eintrittskarten vom Kino, Schwimmbad oder Zoobesuch, ein Stück Rinde von einem tollen Waldspaziergang, ein eingepacktes Stück Zucker aus einem Ausflugslokal, ein Prospekt einer Veranstaltung oder ein Bild, das aufgrund eines schönen Aufenthaltes bei Onkel und Tante entstanden ist. Einzige Bedingung: Es darf sich nicht um gekaufte Souvenirs handeln, die Kinder sollen ihre Erinnerungsstücke dem Alltag entnehmen. Zu einem vereinbarten Zeitpunkt bringen die Kinder ihre Sammlung mit und stellen sie einander vor.

- Suchen und Sammeln, selbstständiges Entdecken, Erfinden
- Materialerfahrung, Grob- und Feinmotorik, soziales Verhalten, Wahrnehmungsfähigkeit, Selbsterfahrungsprozesse, Konzentrationsfähigkeit, Lern- und Intelligenzentwicklung, Wertevermittlung, Persönlichkeitsentwicklung

## Wenn ich froh bin, mach ich so

*Jedes Kind zeigt je nach Stimmung und Situation unterschiedliche Verhaltensweisen. Für den alltäglichen Umgang miteinander ist es wichtig, dass Kinder die eigenen Verhaltensweisen, aber auch die Verhaltensweisen anderer kennen bzw. erkennen und auf diese reagieren können.*

**Alter:** ab 5 Jahren

Die Kinder kommen in der Gruppe zusammen. Jedes Kind präsentiert einzeln in pantomimischer Form, wie es sich in verschiedenen Situationen und je nach Stimmungslage verhält. Dabei gibt die Spielleitung verschiedene Situationen vor:
- Freude: Wie können die anderen erkennen, dass ich mich freue?
- Angst: Wie drücke ich Angst aus? Wie zeige ich den anderen, dass ich Angst habe?
- Trauer: Wie drücke ich Trauer aus? Wie zeige ich den anderen, dass ich traurig bin?

*Kreativ & klug durch* Individualität und Originalität

- Nachdenken: Wie können die anderen erkennen, dass ich gerade nachdenke und nicht gestört werden möchte?
- Ärger: Wie zeige ich den anderen, dass ich mich ärgere?
- Einsamkeit: Wie können die anderen erkennen, dass ich einsam bin?

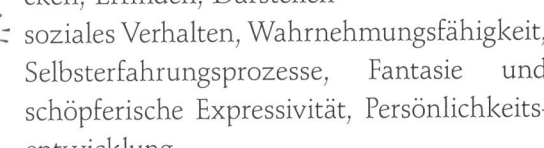
Suchen und Sammeln, selbstständiges Entdecken, Erfinden, Darstellen
soziales Verhalten, Wahrnehmungsfähigkeit, Selbsterfahrungsprozesse, Fantasie und schöpferische Expressivität, Persönlichkeitsentwicklung

## Spitznamengenerator

**Alter:** ab 5 Jahren

Die Kinder kommen in der Gruppe zusammen. Gemeinsam erfinden sie Spitznamen für jedes Kind. Diese Spitznamen sollen Hand und Fuß haben und sich daran orientieren, was die Kinder gut können oder welche Eigenschaften sie haben. Die Kinder machen Vorschläge und begründen diese.

**Beispiel für Spitznamen:** Weil Anna so gut schwimmen kann, erhält sie den Spitznamen Seenixe.

**Hinweis:** Die Spielleitung achtet darauf, dass es sich um positive Spitznamen handelt, die nicht beleidigend sind.

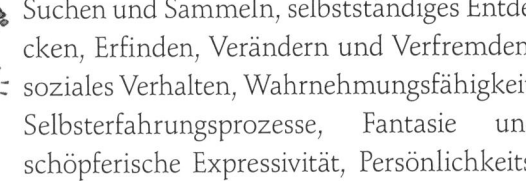
Suchen und Sammeln, selbstständiges Entdecken, Erfinden, Verändern und Verfremden
soziales Verhalten, Wahrnehmungsfähigkeit, Selbsterfahrungsprozesse, Fantasie und schöpferische Expressivität, Persönlichkeitsentwicklung

## Schattenporträt

**Material:** Zeichenpapier, Klebeband, Schreibtischlampen, Bleistift
**Alter:** ab 5 Jahren

Die Kinder bilden Paare. Sie stellen vor einer freien Wand einen Stuhl auf, auf den sich eines der Kinder seitlich zur Wand setzt. Auf Höhe des Kopfes seines Spielpartners fixiert das zweite Kind ein Zeichenpapier mit Klebeband. Nun strahlt es mit der Schreibtischlampe den Kopf des sitzenden Kindes an, sodass ein Schatten des Kopfes auf das Papier fällt. Das auf der Wand sich abbildende Profil wird nun von dem stehenden Kind mit dem Bleistift umfahren; es entsteht ein persönliches Schattenporträt des sitzenden Kindes. Nach Fertigstellung tauschen die Kinder die Rollen, um anschließend ihre Schattenporträts miteinander zu vergleichen: Woran ist zu erkennen, um welches Kind es sich handelt? Gibt es bestimmte Charakteristika, die es erleichtern, die Schattenporträts zuzuordnen?

 Suchen und Sammeln, Experimentieren, selbstständiges Entdecken, Erfinden, Verändern und Verfremden, Gestalten

Grob- und Feinmotorik, soziales Verhalten, Wahrnehmungsfähigkeit, Lern- und Intelligenzentwicklung

## Mag-ich-mag-ich-nicht-Collage

**Material:** Tapetenbahnen in der Länge der Kinder, Edding, Zeitschriften, Schere, Kleber
**Alter:** ab 5 Jahren

Die Kinder bilden Paare. Ein Kind legt sich auf eine ausgerollte Tapetenbahn, das andere Kind umfährt dessen Körperumriss mit einem Edding. Anschließend findet ein Rollenwechsel statt. Nach dem Malen teilt jedes Kind seinen gemalten Körper mit einer senkrechten Linie in zwei Hälften ein. Die eine Hälfte steht für Dinge, die das Kind gerne mag, die andere Hälfte für Dinge, die es nicht mag. Um die Collage gestalten zu können, stellen sich die Kinder gezielt Fragen, die sich auf ihre wichtigsten Körperteile beziehen:

- Mund: Was esse ich gerne? / Was esse ich überhaupt nicht gerne?
- Auge: Was schaue ich mir gerne an? / Was würdige ich keines Blickes?
- Ohren: Was höre ich mir gerne an? / Was höre ich mir gar nicht an?
- Nase: Was rieche ich gerne? / Was kann ich überhaupt nicht riechen?
- Bauch: Was löst in meinem Bauch ein Glücksgefühl aus? / Was macht mir Bauchweh?
- Herz: Was lässt mein Herz höher schlagen? / Was macht mich traurig?
- Gehirn: Worüber denke ich gerne nach? / Was vergesse ich öfter?

Die Kinder suchen zu den Fragen in Zeitschriften passende Bilder aus, schneiden sie aus und kleben sie in die richtige Körperhälfte ein. Anschließend stellen sich die Kinder ihre Collagen gegenseitig vor.

 Suchen und Sammeln, selbstständiges Entdecken, Erfinden, Verändern und Verfremden, Gestalten

 soziales Verhalten, Wahrnehmungsfähigkeit, Selbsterfahrungsprozesse, Konzentrationsfähigkeit, Fantasie und schöpferische Expressivität, Persönlichkeitsentwicklung

*Kreativ & klug durch* Individualität und Originalität

## Gesichtsmosaik

**Material:** pro Kind 1 Malvorlage mit Linienvorgaben, Kopierer, Buntstifte
**Alter:** ab 5 Jahren

Die Kinder erhalten von der Spielleitung eine Malvorlage, die sie vorab selbst erstellt und in der Anzahl der Kinder kopiert hat. Darauf befinden sich zehn Linien, die kreuz und quer über das Blatt verteilt sind. Sie verlaufen zum Teil gerade, zum Teil schräg oder auch in einem Bogen, sodass sie sich überschneiden und zahlreiche Felder entstehen.
Die Kinder malen die Vorlage so aus, dass aus den einzelnen Feldern ein Gesicht entsteht. Dabei müssen nicht alle Felder ausgemalt werden. Ein Kopf mit Augen, Nase, Ohren und Mund sollte jedoch deutlich zu erkennen sein. Zusätzlich könnte z. B. auch eine bestimmte Frisur, ein Hut oder eine Schleife im Haare zu erkennen sein. So entstehen aus der gleichen Vorlage die schönsten individuellen und originellen Porträts, die alles, aber nicht verwechselbar sind.

 Suchen und Sammeln, Experimentieren, selbstständiges Entdecken, Erfinden, Verändern und Verfremden, Gestalten

 Wahrnehmungsfähigkeit, Konzentrationsfähigkeit, Fantasie und schöpferische Expressivität, Persönlichkeitsentwicklung

# Ergänzungsbilder

**Material:** Malvorlage, Buntstifte
**Alter:** ab 5 Jahre

Die Spielleitung gestaltet eine Malvorlage für die Kinder. Dazu malt sie auf Kopierpapier ein oder zwei zusammenhängende Linien, die jedoch noch nichts Genaues erkennen lassen. Diese einfache Vorzeichnung wird kopiert und an alle Kinder verteilt. Als Anregung zur Gestaltung sagt die Spielleitung Folgendes: „Ich habe hier eine Zeichnung begonnen. Ich verrate Euch nicht, was ich malen wollte. Es wäre toll, wenn jeder auf seine Art meine Zeichnung fertig malen könne. Dazu müsst Ihr nur überlegen, was Ihr aus der bereits gemalten Linie entwickeln könnt. Überlegt, wo diese Form in der Realität vorkommt, und entscheidet Euch dann, wie Ihr sie in ein Bild einbauen wollt." Der Vorteil solcher unfertigen Malvorlagen liegt darin begründet, dass sie den Kindern zwar einen Ansatzpunkt – hier die Linien – für ein Bild liefern, sodass der Einstieg ins Malen nicht so schwer fällt, ihnen aber ansonsten viel Spielraum zur eigenen kreativen Gestaltung bieten.

 Suchen und Sammeln, Experimentieren, selbstständiges Entdecken, Erfinden, Verändern und Verfremden, Gestalten
 Wahrnehmungsfähigkeit, Konzentrationsfähigkeit, Lern- und Intelligenzentwicklung, Fantasie und schöpferische Expressivität, Persönlichkeitsentwicklung

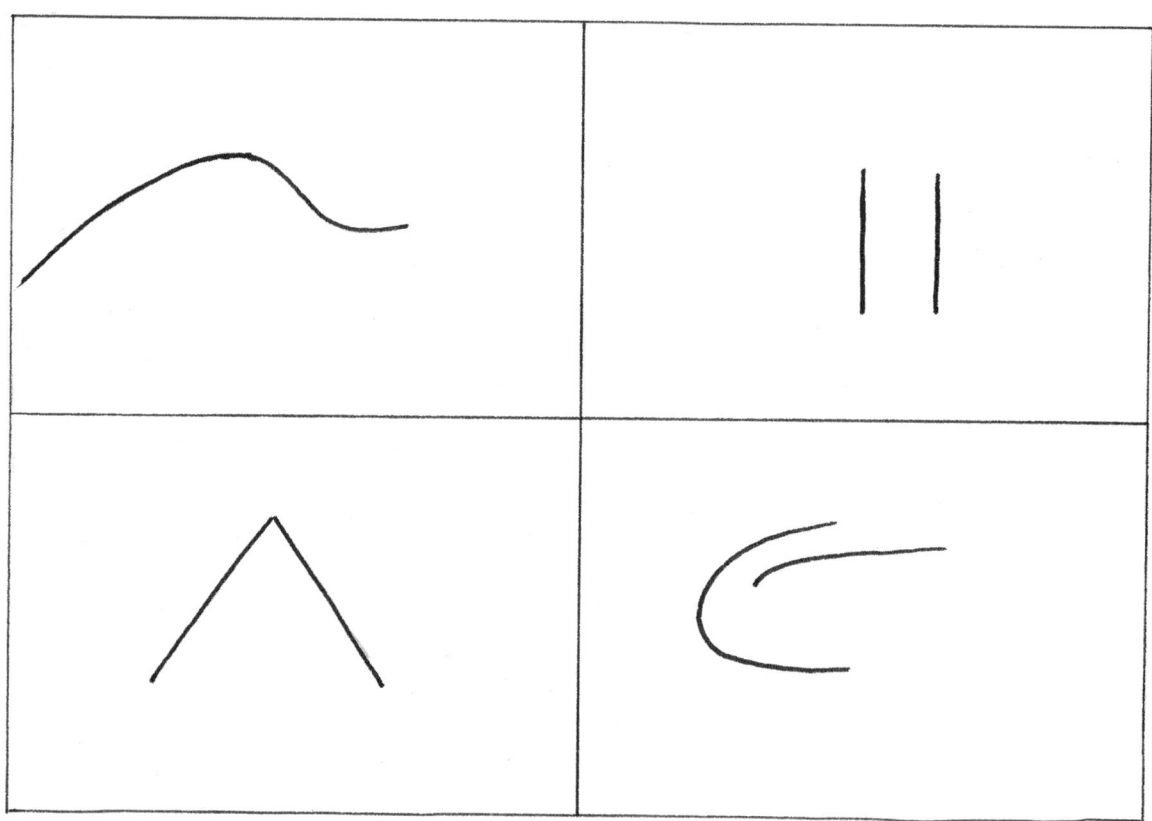

## Ich kann – ich bin

**Alter:** ab 5 Jahren

Die Kinder sitzen im Stuhlkreis. Ein freiwilliges Kind verlässt für kurze Zeit den Raum. In Abwesenheit des Kindes überlegen sich die anderen, was das Kind besonders gut kann, z.B. malen. Sobald sich alle einig sind, wird das freiwillige Kind wieder in den Raum gerufen und erhält den Auftrag, durch Fragen zu erraten, welche Tätigkeit die anderen für es ausgesucht haben. Dabei bekommen die Mitspieler auch mit, was das Kind selbst glaubt, gut zu können.

Suchen und Sammeln, selbstständiges Entdecken

soziales Verhalten, Wahrnehmungsfähigkeit, Selbsterfahrungsprozesse, Konzentrationsfähigkeit, Persönlichkeitsentwicklung

## Stopp: Beschreibe Dich!

**Spielort:** Turnhalle
**Alter:** ab 5 Jahren

Die Kinder gehen vorsichtig mit geschlossenen Augen durch die Turnhalle. Auf Händeklatschen der Spielleitung bleiben alle Kinder stehen. Die Spielleitung geht zu einem Kind und klopft ihm auf die Schulter. Es beschreibt, was es besonders gerne mag und was gar nicht. Dann gehen alle Kinder wieder weiter, bis das Spielkommando „Augen auf!" erfolgt. Jetzt heißt es, möglichst schnell zu der Person zu laufen, die gerade gesprochen hat.

Suchen und Sammeln, selbstständiges Entdecken, Gestalten

Wahrnehmungsfähigkeit, Selbsterfahrungsprozesse, Persönlichkeitsentwicklung

## Ich wär' so gerne …

**Material:** Tapetenbahnen in der Länge der Kinder, Klebeband, Edding, Schere, Zeitungen, Temperafarbe, Farbteller, Pinsel, Becher
**Alter:** ab 5 Jahren

Die Kinder bilden Paare. Sie kleben zwei körpergroße Tapetenbahnen mit dem Klebeband auf dem Boden fest. Abwechselnd legen sich die Kinder auf ihre Bahn, sodass der Mitspieler den Körperumriss des anderen mit dem Edding umfahren kann. Anschließend gestalten die Kinder ihre Körperumrisse. Dafür überlegen sie sich, in welche Rolle sie gerne einmal schlüpfen möchten, z.B. Prinzessin, Model, Polizist, Cowboy, Superman. Den Ideen sind hier keine Grenzen gesetzt. Die Kinder entscheiden selbst, ob sie das Bild mit Farbe ausmalen möchten oder eine Collage aus Zeitungsabbildungen erstellen.

Suchen und Sammeln, selbstständiges Entdecken, Verändern und Verfremden, Gestalten
Wahrnehmungsfähigkeit, Selbsterfahrungsprozesse, Fantasie und schöpferische Expressivität, Persönlichkeitsentwicklung

## Meine Lieblingsfarben

**Material:** Leinwand, Temperafarbe, Farbteller, Pinsel, Becher
**Alter:** ab 5 Jahren

Die Kinder sitzen an einem Tisch. Jedes Kind erhält einen Bogen Zeichenpapier. Auf dem Tisch stehen verschiedene Farben, aus denen sich die Kinder ihre drei Lieblingsfarben heraussuchen und ein Bild malen. Das Bild soll kein konkretes Motiv haben, vielmehr sollen die Kinder die Farben nach ihrer Wertigkeit im Bild einsetzen: Mag das Kind Rot am liebsten, dann deckt es den größten Teil des Zeichenpapiers mit dieser Farbe ab, wenn Gelb die zweitliebste Farbe ist, ist Gelb nach Rot die zweithäufigste verwendete Farbe usw. So entstehen, je nach Vorlieben des Kindes, sowohl Bilder, die nur aus einer Farbe bestehen, als auch andere, die kunterbunt sind.

 Suchen und Sammeln, Experimentieren, selbstständiges Entdecken, Gestalten
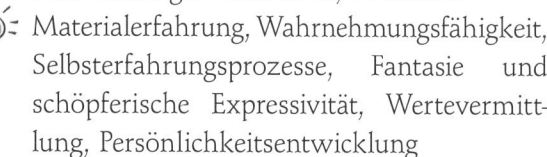 Materialerfahrung, Wahrnehmungsfähigkeit, Selbsterfahrungsprozesse, Fantasie und schöpferische Expressivität, Wertevermittlung, Persönlichkeitsentwicklung

## Ich-Kolumne

**Material:** pro Kind 1 Porträtfoto, Kopierer, Zeichenpapier A4, Zeitschriften und Magazine, Kleber, Schere, Locher, Ordner
**Alter:** ab 7 Jahren

Die Kinder erstellen eine Ich-Kolumne: Sie machen dazu eine Kopie ihres Fotos und kleben dieses auf das Zeichenpapier. Dann suchen sie in Zeitungen und Magazinen nach Fotos, Formulierungen, Begriffen, Schlagzeilen, Abbildungen von Tätigkeiten und Aktivitäten, die für ihre Person stehen könnten, schneiden diese aus und erstellen eine Collage zu ihrer eigenen Person. Diese Zeitungsseite wird anschließend gelocht und mit den Zeitungsseiten der anderen Kinder in einen Ordner geheftet. Der Ordner wird so platziert, dass die Kinder die Kolumnen jederzeit anschauen können.

 Suchen und Sammeln, selbstständiges Entdecken, Gestalten
 soziales Verhalten, Wahrnehmungsfähigkeit, Selbsterfahrungsprozesse, Konzentrationsfähigkeit, Fantasie und schöpferische Expressivität, Persönlichkeitsentwicklung

## Eigenlob stinkt nicht!

**Material:** pro Kind ein Seite aus einem Linienblock, Stift
**Alter:** ab 7 Jahren

Die Kinder machen sich schriftlich Notizen, was sie gut können, und schreiben eine kleine Lobrede auf sich selbst. Dazu beantworten sie die nachfolgenden Fragen, in einem kleinen Text:
- Was kann ich gut? Was sind meine Stärken?
- Was mag ich?
- Was mache ich gerne für andere? Wobei bin ich gerne behilflich?
- Was finden andere an mir toll? Worum beneiden sie mich?
- Was mag ich an mir?

Sobald sie ihre Lobreden verfasst haben, tragen sie diese im Stuhlkreis vor.

## Variante

Das Spiel kann auch umgedreht werden. Die Fragestellungen beziehen sich dann nicht mehr auf die positiven Eigenschaften, sondern auf Dinge, die ein Kind noch nicht so gut kann oder die es gerne lernen möchte:
- Was mache ich ungern?
- Was kann ich noch nicht so gut?
- Was müssen andere für mich tun, weil ich es nicht tun will?
- Wann bin ich faul?
- Worum beneide ich andere?
- Was finde ich toll an anderen?
- Was mag ich nicht an mir?

 Suchen und Sammeln, selbstständiges Entdecken, Erfinden, Gestalten
 soziales Verhalten, Wahrnehmungsfähigkeit, Selbsterfahrungsprozesse, Konzentrationsfähigkeit, Lern- und Intelligenzentwicklung, Persönlichkeitsentwicklung

## Eigenschaften-Sammler

**Material:** pro Kind 10 Karteikärtchen, Stifte, Musik, Musikwiedergabegerät
**Alter:** ab 7 Jahren

Als Spielvorbereitung erhält jedes Kind zehn Karteikärtchen, auf die es unterschiedliche Eigenschaftsworte, wie z. B. klug, lieb, hilfsbereit, schön, schreibt. Das Spiel beginnt beim Erklingen der Musik. Die Kinder bewegen sich nun durch den Raum; sobald die Musik stoppt, tauschen sie ihre Kärtchen mit dem sich in unmittelbarer Nähe befindenden Kind aus. Beim Tauschen achten sie darauf, dass sie nur Kärtchen annehmen, auf denen sich Eigenschaftswörter befinden, die ihre eigene Person gut umschreiben. Am Ende des Spiels sollte jeder Spieler zehn Kärtchen in der Hand halten, die auf die eigene Person zutreffen. Jedes Kind stellt die Eigenschaften auf den Kärtchen kurz den anderen Kindern vor. Die Kinder lernen, sich selbst besser einzuschätzen, indem sie sich während des Spiels immer wieder Gedanken machen müssen, ob eine Eigenschaft zu ihnen passt oder nicht.

 Suchen und Sammeln, selbstständiges Entdecken, Erfinden
 soziales Verhalten, Wahrnehmungsfähigkeit, Selbsterfahrungsprozesse, Konzentrationsfähigkeit, Lern- und Intelligenzentwicklung, Persönlichkeitsentwicklung

# Kreativ & klug durch
# *den Mut, andere Wege zu gehen*

## Aktivitäten zur Förderung der Eigenständigkeit und Souveränität

Müssen Kinder wirklich lernen, sich anzupassen? Kann ein Kind nicht Dinge tun, die die anderen nicht tun? Muss es das für gut heißen, was andere für gut halten? Muss es akzeptieren, ohne zu hinterfragen? Muss es die Kleidermarken tragen, welche auch die anderen tragen, nur um „in" zu sein? Muss es immer mit der Meinung und Vorstellung anderer einverstanden sein? Muss es sich für die Dinge interessieren, für die die anderen sich interessieren? Wenn das so wäre, dann wäre die Welt ganz schön langweilig. Alle würden gleich aussehen, sich gleich verhalten und keiner würde sich mehr verändern. Mit anderen Worten: Die Welt bestünde aus lauter angepassten „Kopfnickern", ohne jeglichen Mut, einmal gegen den Strom zu schwimmen.

„Nur tote Fisch schwimmen mit dem Strom", heißt es in einer Redewendung. Leben heißt, in der Lage zu sein, unabhängig von der Umgebung eigene Wege zu gehen. Die größten Persönlichkeiten der Vergangenheit aus Wissenschaft, Kunst und Gesellschaft, denen wir die wichtigsten Neuerungen in den unterschiedlichen Bereichen verdanken,

*Kreativ & klug durch* den Mut, andere Wege zu gehen

waren immer Querdenker, die sich kritisch mit ihrer Umwelt auseinandergesetzt haben, zu dem standen, was sie dachten, und auch danach handelten.

Kinder, die nicht der allgemeinen Norm entsprechen, die immer wieder auch kritische Fragen stellen oder auch schon einmal andere Meinungen vertreten, gelten allerdings als unbequem, naseweis und anstrengend. Sie stören den normalen Tagesablauf mit ihren Fragen. Sie fordern den Erwachsenen als ganze Person, sodass auch dieser sich immer wieder einer kritischen Reflexion unterziehen muss. Daher gibt es in Einrichtungen die bedenkliche Tendenz, solche Eigenheiten eher zu unterbinden als sie zu fördern. Um die Kinder jedoch nicht zu Mitläufern, sondern zu Vorreitern zu erziehen, muss der Mut, eigene Wege zu gehen, querzudenken und sich nicht einer allgemeinen Norm kritiklos zu unterwerfen, gefördert werden.

Im nachfolgenden Kapitel befinden sich daher Übungen und Spiele, die die Kinder animieren, sich auf ungewöhnliche Spielideen einzulassen und selbst auch Neues auszuprobieren.

## Skurriles Orchester

**Material:** Gebrauchsgegenstände aus verschiedenen Materialien wie Porzellan, Plastik und Holz (z. B. Löffel, Gabeln, Teller, Schüsseln, Tassen, Flaschen, Bausteine, Kochtöpfe, Eimer, Stühle, Rohre, Schläuche, Trichter, Brettchen), Klanggeschichte
**Alter:** ab 4 Jahren

Die Kinder suchen in der Einrichtung nach unterschiedlichen Gebrauchsgegenständen, die verschiedene Geräusche und Klänge erzeugen, und legen diese an einer vereinbarten Stelle ab. Sobald genügend Gegenstände vorhanden sind, bilden die Kinder einen Stuhlkreis. Dort probieren sie die verschiedenen Gegenstände aus und untersuchen sie auf ihren Klang. Wie klingt Plastik auf Plastik, Plastik auf Porzellan, Porzellan auf Glas, Glas an Glas, Glas auf Holz usw.? Wie klingt das Material, wenn ich mit den Händen oder den Fingerspitzen darauf trommele?

Die Kinder stellen sich ein eigenes Instrument aus unterschiedlichen Gegenständen zusammen. Dann liest die Erzieherin eine beliebige Klanggeschichte vor. Die Kinder überlegen nun gemeinsam, wer was von der Klanggeschichte mit welchem Instrument verklanglichen könnte. Fehlt ein Instrument zur Verklanglichung, dann entwickeln sie aus ihrem Fundus ein weiteres Instrument. Nach der Abstimmungsphase kann die Klanggeschichte verklanglicht werden. Sicher kommt das Chaosorchester dabei voll in Schwung!

 Suchen und Sammeln, Experimentieren, selbstständiges Entdecken, Verändern und Verfremden, Gestalten
 Materialerfahrung, soziales Verhalten, Wahrnehmungsfähigkeit, Selbsterfahrungsprozesse, Konzentrationsfähigkeit, Fantasie und schöpferische Expressivität, Persönlichkeitsentwicklung

## Bilder verklanglichen

*Viele Museen verklanglichen in ihren Ausstellungen Bilder, um den Menschen den Zugang zu den Bildern zu erleichtern. Auch Künstler haben sich beim Malen von Musik inspirieren lassen, wie z. B. Gustav Klimt für seinen Beethovenfries. Es zeigt sich, Musik und darstellende Kunst inspirieren sich gegenseitig und können kreative Potenziale aus Kindern herauskitzeln.*

**Material:** Posterdruck eines Kunstwerks (z. B. Bilder von Miro oder Kandinsky), Orff-Instrumente (z. B. Klanghölzer, Glockenspiel, Xylophon, Triangel), Körperinstrumente (z. B. mit den Händen klatschen, Pfeifen)
**Alter:** ab 4 Jahren

Ein Posterdruck eines Kunstwerks hängt an der Wand. Die Kinder sitzen in einem Halbrund um das Bild. Vor ihnen liegen verschiedene Instrumente. Die Kinder probieren die Instrumente zunächst aus, um dann, inspiriert durch die Bilder, unterschiedliche Klänge zu erzeugen. Folgende Anregung soll ihre musikalische Kreativität stimulieren: „Stellt Euch vor, Ihr könnt Geräusche, die in diesem Bild zu hören sind, wahrnehmen. Wie würde sich das Bild anhören?" Die Kinder erzählen nacheinander, was sie hören, und überlegen sich, mit welchem Instrument das Gehörte am besten wiedergegeben werden kann. Dabei lassen sie ihrer Kreativität freien Lauf: Entweder nehmen sie eins der Orff-Instrumente oder sie nutzen ihren Körper als Instrument, indem sie z. B. klatschen, trampeln, pfeifen. Ein wildes Konzert bricht sich bahn.

 Suchen und Sammeln, Experimentieren, selbstständiges Entdecken, Erfinden, Verändern und Verfremden
 Materialerfahrung, Grob- und Feinmotorik, soziales Verhalten, Wahrnehmungsfähigkeit, Selbsterfahrungsprozesse, Fantasie und schöpferische Expressivität

## Farben, Klänge, Düfte bewegen!

*Klänge, Düfte und Farben bereichern unser Leben. Sie nehmen Einfluss auf unser Empfinden. Menschen nehmen diese Stimulatoren unterschiedlich wahr. Was der eine als angenehm empfindet, ist dem anderen vielleicht unangenehm. Sie eignen sich daher optimal als Anregung für improvisierte Bewegungen.*

**Material:** einfarbige Servietten, Orff-Instrumente mit verschiedener Klanghöhe (z. B. Triangel, Flöte, Trommel), verschiedene Düfte aufgetragen auf Wattebäusche (z. B. Rose, Melisse, Tanne)
**Alter:** ab 4 Jahren

Die Spielleitung sorgt für ein ausreichendes Angebot verschiedener Klänge, Düfte oder Farben, die sie den Kindern im Stuhlkreis vorstellt. Jedes Kind wählt sich eine der Inspirationsquellen aus, ob Farbe, Duft oder Klang, bleibt dem Kind selbst überlassen. Nachdem ein Kind den anderen erklärt hat, welche Bewegung es sich ausgedacht hat, stellen alle Kinder gemeinsam diese Bewegung dar. Eine kleine, lustige Tanzimprovisation entsteht.

 Experimentieren, selbstständiges Entdecken, Erfinden, Darstellen
 Grob- und Feinmotorik, soziales Verhalten, Wahrnehmungsfähigkeit, Selbsterfahrungsprozesse, Konzentrationsfähigkeit

## Pinsel mal anders

**Material:** Zeichenpapier A3 oder Tapete, Klebeband, Schnur, Borstenpinsel, kleine und lange Stäbe und Stöcke, Gräser, Hecken, Bast, verschiedene Bürsten, Schrubber, Temperafarbe, Farbteller, Pinsel, Becher
**Alter:** ab 4 Jahren

Die Spielleitung befestigt zunächst pro Kind ein Zeichenpapier auf dem Boden und legt dann diverse Gegenstände für das Herstellen von Malwerkzeugen bereit. Die Kinder kommen zusammen und stellen sich aus den ausgelegten Gegenständen und Materialien Malwerkzeuge her. Dazu sollen sie mit den Materialien in Ruhe experimentieren. Falls die Kinder beim Ausprobieren Schwierigkeiten haben, kann die Spielleitung einige hilfreiche Hinweise geben, wie sich Pinsel verlängern, verändern oder verfremden lassen:

- Verlängerung: An den Pinsel wird mithilfe von Klebeband ein langer Stab befestigt; mit dem Pinsel kann jetzt auch im Stehen gemalt werden.
- Veränderung: An einem herkömmlichen Pinsel können an der Spitze des Stiels Gräser, Äste aus Hecken, Tannenäste oder Bast befestigt werden; diese neue Pinselspitze kann nun zum Malen eingesetzt werden.
- Verfremdung: Gebrauchsgegenstände, wie z. B. verschiedene Bürsten, Besen und Schrubber, Teigschaber oder Scheibenwischer, können zu Pinseln umfunktioniert werden.

Die Kinder testen verschiedene Malwerkzeuge aus.

 Experimentieren, selbstständiges Entdecken, Verändern und Verfremden, Gestalten
 Materialerfahrung, Grob- und Feinmotorik, Wahrnehmungsfähigkeit, Selbsterfahrungsprozesse, Lern- und Intelligenzentwicklung, Fantasie und schöpferische Expressivität

## Worttausch

**Alter:** ab 5 Jahren

Die Kinder bilden Spielgruppen, um gemeinsam eine Geheimsprache zu entwickeln. Dazu suchen sie Worte, die sie häufig verwenden, und ersetzen sie durch ein anderes Wort (z. B. Puppe durch Auto oder Mama durch Stuhl). Für einen vorab festgelegten Zeitraum kommunizieren sie in der Geheimsprache miteinander. Hinterher tauschen sie sich darüber aus, welche Erfahrungen sie dabei gemacht haben. Diese Übung bringt eine Menge Spaß, da die Sätze, die durch den Wortetausch entstehen, oft unglaublich lustig sind und sich zudem die skurrilsten Situationen daraus ergeben.

Suchen und Sammeln, Experimentieren, Erfinden, Verändern und Verfremden
soziales Verhalten, Wahrnehmungsfähigkeit, Konzentrationsfähigkeit, Fantasie und schöpferische Expressivität

## Motiv-Pantomime

*Um Kinder zu pantomimischem Spiel anzuregen, können statt Begriffen auch einmal Bilder verwendet werden; als Inspirationsquelle kommen vor allem solche Bilder infrage, die sich aus vielen unterschiedlichen Szenen zusammensetzen.*

**Material:** Szenisches Foto oder Gemälde (z. B. Peter Bruegels „Kinderspiele")
**Alter:** ab 5 Jahren

Die Kinder bilden Gruppen und schauen sich gemeinsam z. B. Peter Bruegels Bild „Kinderspiele" an. Sie suchen sich eine Szene aus, die sie pantomimisch darstellen möchten. Die Kinder aus den anderen Gruppen müssen jeweils herausfinden, um welche Szene es sich handelt.

Suchen und Sammeln, Experimentieren, selbstständiges Entdecken, Darstellen
soziales Verhalten, Wahrnehmungsfähigkeit, Konzentrationsfähigkeit, Lern- und Intelligenzentwicklung

## Schlangenfries

*Nachfolgende Übung unterstützt Kinder dabei, sich nicht automatisch einem Gruppendruck unterzuordnen, sondern unabhängig von den anderen Kindern eigene gestalterische Ideen umzusetzen.*

**Material:** pro Kind 1 rechteckiger gleich großer Zeichenkarton, Edding, Temperafarbe, Farbteller, Pinsel, Becher
**Alter:** ab 5 Jahren

Die Kinder erhalten jeweils einen Zeichenkarton. Diese legen sie mit der Schmalseite aneinander auf den Boden. So entsteht eine lange Malfläche, über die die Kinder zwei parallel verlaufende, sich schlängelnde Linien malen, sodass ein schlangenartiger Körper entsteht. Jedes Kind nimmt anschließend seinen Zeichenkarton, um sein Schlangensegment mit einem oder mehreren farbigen Mustern zu versehen. Die Gestaltung der Segmentmuster ist den Kindern freigestellt. Sind alle Kinder mit ihrem Schlangensegment fertig, legen sie die Schlangensegmente wieder aneinander. So erhalten sie ein farbenfrohes Schlangenfries.

Suchen und Sammeln, Experimentieren, selbstständiges Entdecken, Erfinden, Gestalten

Materialerfahrung, Grob- und Feinmotorik, soziales Verhalten, Wahrnehmungsfähigkeit, Selbsterfahrungsprozesse, Konzentrationsfähigkeit, Lern- und Intelligenzentwicklung, Fantasie und schöpferische Expressivität, Persönlichkeitsentwicklung

## Mensch ärgere Dich nicht – paradox

**Material:** ein vollständiges „Mensch ärger Dich nicht"-Spiel
**Alter:** ab 5 Jahren

Die Kinder sind mit dem „Mensch ärgere Dich nicht"-Spiel und dessen Regeln vertraut. Doch dieses Mal gibt es andere Spielregeln. Es gewinnt nicht derjenige, der als Erster alle vier Figuren im Haus hat, sondern derjenige, der als Letzter alle Figuren im Haus hat.
Nach dem Spiel unterhalten sich die Kinder darüber, wie sich das Spiel und das Spielerverhalten verändert haben.

 selbstständiges Entdecken, Erfinden, Verändern und Verfremden
 soziales Verhalten, Wahrnehmungsfähigkeit, Selbsterfahrungsprozesse, Konzentrationsfähigkeit, Persönlichkeitsentwicklung

## Bilder würfeln

*Unter anderen als den gewohnten Bedingungen Bilder zu gestalten, kann für Kinder sehr kreativitätsfördernd sein. Eine solch andere Methode ist das Gestalten eines Bildes nach festgelegten Regeln. Nicht der Wille, sondern eher der Zufall ist hier beim Malen behilflich. Schon die Surrealisten nutzten diese vom Zufall gesteuerte Möglichkeit der Bildgestaltung durch das Spielen in Gruppen.*

**Material:** Zeichenpapier (mindestens A2), Bleistift, Filzstifte, Tempera- oder Deckmalfarbe, Farbteller, Pinsel, Becher, verschiedene Würfel (Farbwürfel, Zahlenwürfel, Formenwürfel)
**Alter:** ab 5 Jahren

Die Kinder bilden Spielgruppen von ungefähr vier bis sechs Kindern. Jede Gruppe erhält einen Bogen Zeichenpapier, einen Bleistift und/oder einen Pinsel sowie alle weiteren Materialien, die für eine der weiter unten beschriebenen Spielalternativen benötigt werden. Das Spiel erstreckt sich über zehn bis fünfzehn Runden. In der Regel gestalten die Kinder mithilfe der Augenzahlen eine Vorzeichnung oder ein buntes Bild. Dazu würfeln die Kinder der Reihe nach und führen dann die vorab festgelegten Malvorgaben aus. Es gibt unterschiedliche Spielalternativen, welche die Spielleitung mit den Kindern zu Beginn des Spiels festlegt:

1. **Augenzahlen stehen für Formen,** die gemalt werden sollen (z. B. Dreieck, Kreis, Quadrat). Die Kinder füllen das Zeichenpapier spielerisch mit Formen. Dabei dürfen sich die Formen auch überschneiden. Anschließend malen die Kinder die Felder bunt aus.
2. **Augenzahlen stehen für Farben,** mit denen ein Farbfleck willkürlich auf die Leinwand gesetzt werden soll. So reiht sich später ein Farbfleck an den anderen, bis das gesamte Bild mit Farbe ausgefüllt ist.

3. **Augenzahlen stehen für bestimme Motive,** die gemalt werden sollen (z. B. Wolke, Blume, Baum). Mit diesen Motiven, welche die Kinder zuvor frei bestimmen dürfen, füllen sie die gesamte Malfläche aus.
4. **Augenzahlen stehen für die Anzahl der Linien,** die ein Kind malen darf. Hier gelten weitere Regeln: Jedes Kind zeichnet dort weiter, wo sein Vorgänger aufgehört hat; Linien dürfen nicht übermalt werden, sich jedoch überkreuzen. Es entsteht ein Mosaik, das die Kinder am Ende des Spiels farbig ausmalen.
5. **Augenzahlen stehen für Materialien,** die ins Bild eingeklebt werden.

**Tipp:** Statt den Augenzahlen eines Würfels Farben oder Formen zuzuordnen, können auch Farb- und Formenwürfel zum Einsatz kommen.

 Suchen und Sammeln, Experimentieren, selbstständiges Entdecken, Erfinden, Verändern und Verfremden, Gestalten
 Materialerfahrung, Grob- und Feinmotorik, soziales Verhalten, Wahrnehmungsfähigkeit, Selbsterfahrungsprozesse, Konzentrationsfähigkeit, Fantasie und schöpferische Expressivität, Persönlichkeitsentwicklung

# Bildpuzzle

*Der Clou beim Bildpuzzle besteht darin, dass jedes Kind zwar einzeln malt, hinterher aber trotzdem ein gemeinsames Bild entsteht.*

**Material:** pro Kind 4 Zeichenkartons A4, Filzstifte oder Deckmalfarben, Farbteller, Pinsel, Becher
**Alter:** ab 5 Jahren

Die Kinder legen jeweils vier Zeichenkartons pro Kind zu einer dicht geschlossen Fläche auf dem Boden aus. Dann malen sie mit schwarzem Filzstift über alle Leinwände hinweg mehrere große und kleine sich überschneidende Kreise, Vierecke und Dreiecke. Sobald die Malfläche mit Formen gut gefüllt ist, wählt sich jedes Kind vier beliebige Zeichenkartons der Malfläche aus und malt die entstandenen Mosaikfelder farbig mit Temperafarbe aus. Die schwarzen Linien dürfen die Kinder dabei nicht übermalen, da sie die Orientierungspunkte für das spätere Zusammenlegen des Bildpuzzles darstellen. Sind alle Flächen farbig ausgestaltet, legen die Kinder die Zeichenkartons wieder zu einem großen Bild zusammen und hängen das abstrakte, großflächige Bild an die Wand. Besonders gut sieht es aus, wenn die einzelnen Bilder in einem Abstand von ca. 2 cm aufgehängt werden.

## Variante

Statt der Formen können die Kinder auch Einzelmotive wie Schmetterlinge und Autos oder gerade, gezackte und gewellte Linien auf die Zeichenkartons vorzeichnen.

**Hinweis:** Wird die Variante mit den Einzelmotiven gewählt, sollten die Kinder aber darauf achten, dass die Motive sich mindestens über zwei Zeichenkartons erstrecken, damit das Bildpuzzle im Nachhinein zusammengelegt werden kann.

 Suchen und Sammeln, Experimentieren, selbstständiges Entdecken, Erfinden, Verändern und Verfremden, Darstellen, Gestalten
 Materialerfahrung, Grob- und Feinmotorik, soziales Verhalten, Wahrnehmungsfähigkeit, Selbsterfahrungsprozesse, Konzentrationsfähigkeit, Lern- und Intelligenzentwicklung, Fantasie und schöpferische Expressivität

## Scherbenbilder

**Material:** Zeichenkarton mindestens A3, schwarzer Edding, Temperafarbe, Farbteller, Pinsel, Becher, Schere
**Alter:** ab 5 Jahren

Die Kinder zeichnen auf der Rückseite eines Zeichenkartons drei Linien über die gesamte rückseitige Bildfläche ein. Es handelt sich dabei um Hilfslinien, um das Scherbenbild nach Fertigstellung wieder zusammenzusetzen. Auf der Vorderseite teilen sie den Zeichenkarton in ihrer Anzahl mit Edding in etwa gleich große geometrische Puzzleteile ein und schneiden die Teile entlang der Markierung aus. Jedes Kind erhält eine „Scherbe" des Kartons zur freien Gestaltung. Sobald alle Kinder ihre „Scherben" ausgemalt haben, vereinen sie die Felder wieder zu einem einzigen Bild.

Experimentieren, selbstständiges Entdecken, Verändern und Verfremden, Gestalten
 Materialerfahrung, Grob- und Feinmotorik, soziales Verhalten, Wahrnehmungsfähigkeit, Selbsterfahrungsprozesse, Konzentrationsfähigkeit, Lern- und Intelligenzentwicklung, Fantasie und schöpferische Expressivität, Persönlichkeitsentwicklung

## Hörbilder

**Material:** Foto oder gemaltes Gemälde, Zeichenpapier, Buntstifte, Deckmal- oder Temperafarbe, Farbteller, Pinsel, Becher; evtl. Heftklammern oder Klarsichthüllen und Schnellhefter oder Bleistifte und Zettel mit Einzelsätzen einer Geschichte
**Alter:** ab 5 Jahren

Eine schöne Methode, Kinder aus dem gewohnten Alltagstrott herauszuholen, ist die, sie zu akustischen Anregungen Bilder malen zu lassen, wie z. B. zu einem **Bilddiktat.** Die Spielleitung sorgt dafür, dass jedes Kind ein Zeichenpapier erhält und bei der Gestaltung eines Bildes zwischen verschiedenen Stiften oder Farben wählen kann. Dann erzählt sie den Kindern, was sie auf einem Bild, das sie vorab ausgesucht hat, alles sehen kann. Dabei machen sich die Kinder, ohne dass sie das Bild vorab gesehen haben, eine Vorstellung von diesem Bild und setzen diese Vorstellungen in einem eigenen Bild um.

## Variante 1

Alle Spieler erhalten einen Bogen Papier und einen Bleistift. Ein Kind ist der Auftraggeber des Bildes und gibt den anderen Kindern in einigem zeitlichen Abstand Anweisungen, was sie auf das Bild malen sollen (z. B. Haus, Baum, Schlange, Wasser, Hund, Burg). Die malenden Kinder zeichnen die Motive zunächst nur mit einem Bleistift vor. Sobald der Auftraggeber keine Wünsche mehr hat, malen die Kinder ihre Vorzeichnungen farbig aus.

## Variante 2 (ab 6 Jahren)

Die Kinder malen zu einer Geschichte ein Bilderbuch. Jedes Kind gestaltet dabei nur eine Seite des Buches, die sich auf eine bestimmte Aussage beschränkt. Dazu schreibt die Spielleitung nachfolgende Geschichte Satz für Satz auf verschiedene Zettel auf:

- Ein roter Ball lebte in einem Schuhkarton.
- Eines Tages fiel der Schuhkarton vom Tisch und der Ball rollte in die Freiheit.
- Er rollte eine Treppe hinunter.
- Er rollte einen Berg hinunter.
- Er rollte einen Berg hinauf.
- Er sprang von einer Brücke ins Wasser.
- Er schwamm im Wasser.
- Er hüpfte in den Himmel.
- Er rannte gegen eine Wand.
- Er tanzte im Kreis usw.

Die Kinder ziehen einen Zettel und fertigen das entsprechende Bild an. Je nach Anzahl der Kinder kann die Geschichte von der Spielleitung gekürzt oder verlängert werden. Anschließend werden alle Bilder zu einem Buch zusammengeheftet. Die Kinder erzählen sich beim Durchblättern des Buches gemeinsam die Geschichte des Balles.

 Suchen und Sammeln, Experimentieren, selbstständiges Entdecken, Erfinden, Verändern und Verfremden, Gestalten

 Grob- und Feinmotorik, soziales Verhalten, Wahrnehmungsfähigkeit, Selbsterfahrungsprozesse, Konzentrationsfähigkeit, Fantasie und schöpferische Expressivität, Persönlichkeitsentwicklung

## Papierskulpturen

**Material:** Zeitungspapier, Klebeband, Seil, Draht, Schere, Drahtzange, Tuch
**Alter:** ab 5 Jahren

Vier Kinder bilden eine Arbeitsgruppe und basteln gemeinsam eine Papierskulptur, z. B. eine Giraffe, einen Bär oder einen Elefanten. Zur Umsetzung stehen ihnen unterschiedliche Materialien zur Verfügung. Diese Aufgabe müssen sie ganz alleine bewältigen. Allerdings wählt die Spielleitung **eine** der nachfolgenden Einschränkungen aus, die beim Basteln berücksichtigt werden muss:
- Während des Bauens darf nicht miteinander gesprochen werden.
- Es darf miteinander gesprochen werden, aber jeder darf nur mit einer Hand arbeiten.
- Die Kinder tragen alle Fäustlinge.

**Hinweis:** Bei der Aufgabenstellung sollte die Spielleitung das jeweilige Alter der Kinder berücksichtigen.

 Suchen und Sammeln, Experimentieren, selbstständiges Entdecken, Erfinden, Gestalten
 soziales Verhalten, Wahrnehmungsfähigkeit, Selbsterfahrungsprozesse, Konzentrationsfähigkeit, Lern- und Intelligenzentwicklung, Fantasie und schöpferische Expressivität

## Leinwandbild

**Material:** 1 große Leinwand, Bleistift, pro Kind 1 Loszettel, Temperafarbe, Farbteller, Pinsel, Becher
**Alter:** ab 5 Jahren

Die Kinder teilen eine Leinwand in der Anzahl der mitspielenden Kinder in Felder ein. Anschließend nummerieren sie die Felder durch. Mit den Nummern der Felder beschriften die Kinder Loszettel, von denen jedes Kind ein Los zieht. Anschließend malt es das entsprechende Feld auf der Leinwand aus. Dabei können verschiedene Vorgaben durch die Spielleitung gemacht werden:
- „Male ein grünes/rotes/blaues Bild!" – Jedes Kind erhält die Aufgabe, z. B. einen anderen Grünton zu mischen und in sein Feld zu übertragen.
- „Male ein musterreiches Bild!" – Jedes Kind malt ein anderes Muster in sein Feld.
- „Male ein persönliches Motiv!" – Jedes Kind malt in sein Feld ein persönliches Motiv.

 Suchen und Sammeln, Experimentieren, selbstständiges Entdecken, Erfinden, Verändern und Verfremden, Gestalten
 Materialerfahrung, Grob- und Feinmotorik, soziales Verhalten, Wahrnehmungsfähigkeit, Fantasie und schöpferische Expressivität, Persönlichkeitsentwicklung

## Kopfstand-Zeichnungen

*Betty Edwards, eine berühmte Zeichenlehrerin, lehrt, dass Bilder dann leichter abzumalen sind, wenn das Motiv auf dem Kopf steht. Denn dann ist jeder gezwungen, genau hinzusehen, um die Konturen auch genau wiedergeben zu können.*

**Material:** vergrößerte Zeichenvorlage als Kopie (z. B. Tier, Baum, Figur, Gemälde), Zeichenpapier, Bleistift, Kopierer,
**Alter:** ab 6 Jahren

Die Spielleitung malt ein Motiv auf ein A4-Blatt Papier vor und kopiert dieses in vergrößerter Form in der Anzahl der Kinder. Jedes Kind erhält sein eigenes Zeichenpapier, das vor ihm auf dem Boden liegt, und einen Bleistift. Die ausgewählte Zeichenvorlage wird in Augenhöhe der Kinder, auf dem Kopf stehend an einer Wand fixiert. Die Kinder zeichnen das Motiv ab und drehen dann sowohl die Vorlage als auch das eigene Bild um, um die Details miteinander vergleichen zu können. Mal sehen, ob alles an seinem richtigen Platz ist!

 Experimentieren, selbstständiges Entdecken, Verändern und Verfremden, Gestalten
 Grob- und Feinmotorik, Wahrnehmungsfähigkeit, Selbsterfahrungsprozesse, Konzentrationsfähigkeit, Lern- und Intelligenzentwicklung, Persönlichkeitsentwicklung

# Kreativ & klug durch
# *Konflikttoleranz*

### Aktivitäten zur Förderung
### des konstruktiven Umgangs mit Konflikten

Das Wort „Konflikt" geht auf das lateinische Verb „confligere" zurück, das sich mit zusammentreffen und kämpfen übersetzen lässt. Kinder kämpfen bzw. streiten häufig miteinander: Sie messen ihre Kräfte, erproben ihre Stellung in einer Gruppe, versuchen, sich durchzusetzen, und ringen um Anerkennung. In ihrer unmittelbaren Umgebung sind sie häufig damit konfrontiert, dass nur derjenige Erfolg hat, der am wenigsten zurückweicht. Dabei heißt es doch in einem Sprichwort: „Der Klügere gibt nach!" Aber einen Ausgleich zu schaffen, zwischen Durchsetzungskraft einerseits und Kompromissfähigkeit andererseits, müssen Kinder erst lernen.

Dazu gehört zum einen, ein Gruppengefühl zu entwickeln („Gemeinsam sind wir stark"), zum anderen aber auch die Fähigkeit, zu teilen und jemandem etwas ohne Neid zu gönnen sowie Verständnis für andere zu haben und Konflikte vernünftig auszutragen. Konflikttoleranz und -fähigkeit stellen somit hohe Bildungsgüter dar, die das Zusammenleben der Menschen enorm erleichtern. Kinder, die sich in Konflikttoleranz geübt haben, sagen nicht mehr „Das ist meins!", sondern „Das ist uns!". Der Kampf weicht einem vernünftigen verbalen Austausch. Das nachfolgende Kapitel enthält eine Vielzahl spielerischer und gestalterischer Angebote, durch die Kinder Konflikttoleranz einüben können.

## Jedem eine Farbe

**Material:** 1 große Leinwand, Temperafarbe, Farbteller, Pinsel, Becher
**Alter:** ab 4 Jahren

Die Kinder bilden eine Malgruppe von vier bis sechs Personen. Jedes Kind erhält einen Pinsel und eine eigene Farbe. Auf dem Boden vor den Kindern liegt eine Leinwand, die sie gemeinsam bemalen sollen. Beim Malen müssen sie sich an folgende Regeln halten:
1. Jeder Maler malt nur mit seiner eigenen Farbe.
2. Die Maler unterhalten sich nicht miteinander.
3. Die Leinwand muss mit Farbe ganz und gar ausgefüllt werden.

Werden die Kinder gemeinsam auf eine Leinwand losgelassen, kommt es häufig zu Konflikten. Nach Fertigstellung ihres gemeinsamen Bildes tauschen die Maler sich daher über die entstandenen Konflikte aus: Worum ging es? Wie sind sie mit den aufkommenden Konflikten umgegangen? Häufig entstehen im Gespräch dann Ideen, wie in Zukunft mit ähnlichen Konflikten besser umgegangen werden kann.

 Suchen und Sammeln, Experimentieren, selbstständiges Entdecken, Erfinden, Verändern und Verfremden, Gestalten
 Materialerfahrung, Grob- und Feinmotorik, soziales Verhalten, Selbsterfahrungsprozesse, Konzentrationsfähigkeit, Fantasie und schöpferische Expressivität, Persönlichkeitsentwicklung

## Schattenboxen

*Das Schattenboxen bietet eine gute Möglichkeit für Kinder, Wut und Aggression körperlich abzureagieren, ohne andere dabei zu verletzen.*

**Material:** Leinentuch, Reißzwecken, Overheadprojektor
**Alter:** ab 4 Jahren

Die Kinder bilden Paare. Die Spielleitung befestigt in einem Durchbruch oder an einem Türrahmen ein Leinentuch mit Reißzwecken. Dahinter steht quer zum Leinentuch das eine Kind, das durch einen Overheadprojektor von hinten angestrahlt wird und einen Schatten auf das Leinentuch wirft. Auf der anderen Seite steht das zweite Kind, das so tut, als ob es mit dem Schatten boxen würde, und sich dabei nach Lust und Laune abreagieren kann. Anschließend findet ein Rollentausch statt. Nun hat auch das zweite Kind die Chance, seinen Gegner im Schattenboxen zu schlagen.

 Experimentieren, selbstständiges Entdecken, Verändern und Verfremden, Darstellen
soziales Verhalten, Wahrnehmungsfähigkeit, Selbsterfahrungsprozesse, Fantasie und schöpferische Expressivität, Persönlichkeitsentwicklung

## Lass mich Deine Hand führen!

**Material:** Zeichenpapier, Klebeband, Filzstift
**Alter:** ab 5 Jahren

Die Kinder bilden Paare und fixieren ein Zeichenpapier mit Klebeband auf einem Tisch. Eines der Kinder setzt sich vor das Zeichenpapier und wählt einen Stift aus, mit dem es gerne malen möchte. Das andere Kind stellt sich hinter seinen Spielpartner und führt seine Hand beim Malen. Beide Kinder schweigen während des Spiels, sodass sich das sitzende Kind ganz der Führung seines Partners überlassen muss. Ungeübten Kindern wird es schwer fallen, sich auf diese Einflussnahme durch ein anderes Kind einzulassen, sodass es zu Konflikten kommen wird. Anschließend findet ein Partnerwechsel statt. Das Spiel endet mit einem gemeinsamen Gespräch der Kinder darüber, wie sie sich in ihren Rollen jeweils gefühlt haben.

 Experimentieren, selbstständiges Entdecken, Erfinden, Verändern und Verfremden, Gestalten
 Grob- und Feinmotorik, soziales Verhalten, Selbsterfahrungsprozesse, Konzentrationsfähigkeit, Persönlichkeitsentwicklung

## Mal-Kooperationen

**Material:** Raufasertapete, Klebeband, Bleistift, Temperafarbe, Farbteller, Pinsel, Becher
**Alter:** ab 5 Jahren

Die Kinder bilden Paare. Sie rollen Raufasertapete auf einem Tisch aus und fixieren die Ränder mit Klebeband unter dem Tisch, sodass die Tapete nicht verrutschen kann. Sie teilen die Malfläche mit Bleistift in der Mitte in zwei Teile ein und stellen sich jeweils an der gegenüberliegenden Seite des Tisches zum Malen auf. Beim Malen beachten sie folgende Regeln:
- Die Kinder reden nicht miteinander.
- Sie malen ihr Feld von unten nach oben ganz und gar mit Farbe aus.
- Sie malen von ihrer Tischseite bis zur Trennungslinie. Sobald sie dort angekommen sind, dürfen sie auch in das Feld des anderen Kindes hineinmalen.

Zu akzeptieren, dass ein anderes Kind in den eigenen Malbereich hineinmalt, fällt vielen Kindern schwer. Nun heißt es, Konflikttoleranz zu entwickeln und sich auf den kooperativen Malvorgang einzulassen.

**Hinweis:** Die Spielleitung weist die Kinder vor Spielbeginn darauf hin, dass Sie bei Bemalen der Fläche des anderen Kindes mit diesem kooperieren sollen.

 Experimentieren, selbstständiges Entdecken, Verändern und Verfremden, Gestalten
 soziales Verhalten, Wahrnehmungsfähigkeit, Selbsterfahrungsprozesse, Konzentrationsfähigkeit, Fantasie und schöpferische Expressivität, Persönlichkeitsentwicklung

## Malen mit der Doppelhand

*In der nachfolgenden Aktivität malen die Kinder gemeinsam unter erschwerten Bedingungen ein Bild. Dabei müssen sie sich einigen, wer wann den Ton angibt und was gemalt wird usw., denn für die Entwicklung des Bildes müssen beide an einem Strang ziehen.*

**Material:** Zeichenpapier A3, Edding, pro Pärchen 1 Band oder 1 Seil, Temperafarbe, Farbteller, Pinsel, Becher
**Alter:** ab 5 Jahren

Die Kinder bilden Paare. Eine linke und eine rechte Hand werden durch die Spielleitung mit einem Seil zusammengebunden. Mit den zusammengebundenen Händen ergreifen die Kinder je einen Edding und malen nun an einem gemeinsamen Bild. Während des Spiels wird nicht gesprochen. Wer wird wohl die Führung beim Malen des Bildes übernehmen? Wer wird sich führen lassen? Gibt es einen Kompromiss oder versuchen beide, sich mit ihren eigenen Ideen durchzusetzen? Häufig staunen die Kinder am Ende des Spiels, was für schöne Bilder entstehen, wenn „beide an einem Strang ziehen" und sich so gegenseitig inspirieren können.

- Experimentieren, selbstständiges Entdecken, Erfinden, Gestalten
- Grob- und Feinmotorik, soziales Verhalten, Selbsterfahrungsprozesse, Konzentrationsfähigkeit, Fantasie und schöpferische Expressivität, Persönlichkeitsentwicklung

## Gummitwist mit Stiften

**Material:** Zeichenpapier A3, Klebeband, Filzstifte in zwei verschiedenen Farben, Gummi oder alternativ Wolle, Seil, Faden
**Alter:** ab 5 Jahren

Die Kinder bilden Paare und setzen sich an einem Tisch einander gegenüber. Vor ihnen liegt ein Zeichenpapier. Jedes hält einen Filzstift in einer anderen Farbe in seiner Hand. Um die Stifte wird ein Gummi gelegt, sodass die Stifte unter einer permanenten Spannung stehen. Die Kinder malen an einem gemeinsamen Bild. Je weiter sich die Stifte voneinander entfernen, desto schwieriger wird das Malen, da das Gummi die Stifte zurückschnellen lässt: Wer lässt sich beim Malen eher auf den anderen Spieler ein? Wer setzt sich durch? Das zeigt sich spätestens bei Vergleich der Farbmenge nach Abschluss des Bildes.

-  Experimentieren, selbstständiges Entdecken, Erfinden, Gestalten
-  Grob- und Feinmotorik, soziales Verhalten, Selbsterfahrungsprozesse, Konzentrationsfähigkeit, Persönlichkeitsentwicklung

## Argumentestuhl

**Material:** Stuhl
**Alter:** ab 5 Jahren

Streitigkeiten zwischen Kindern können gut mithilfe des Argumentestuhls beseitigt werden. Dazu kommen die Streitparteien gemeinsam mit einem Erwachsenen in einer Runde zusammen. Auf einer Seite des Kreises steht der Argumentestuhl. Ein Kind nach dem anderen setzt sich auf diesen Stuhl, um seine Argumente den anderen vorzutragen. Währenddessen sind die anderen Kinder ruhig. Jedes Kind erzählt, wie es aus seiner Sicht zum Konflikt gekommen ist und wie er eventuell gelöst werden könnte. Nachdem alle Argumente ausgetauscht wurden, wird gemeinsam eine Lösung des Konflikts erarbeitet. Vorteil dieser Technik: Immer nur ein Kind darf reden, die anderen müssen derweil aufmerksam zuhören – eine gute Voraussetzung, um sich in die jeweilige andere Streitpartei einzufühlen und einen Kompromiss zu finden.

 Suchen und Sammeln, selbstständiges Entdecken
 soziales Verhalten, Wahrnehmungsfähigkeit, Selbsterfahrungsprozesse, Konzentrationsfähigkeit, Lern- und Intelligenzentwicklung, Wertevermittlung, Persönlichkeitsentwicklung

## Gespiegelte Bilder

*Bilder spiegelbildlich nachzumalen, ist eine schwierige Aufgabe und führt häufig zu Frust. Frustrationstoleranz gehört aber zu den wichtigsten Schlüsselqualifikationen des späteren Lebens. Frustrationstoleranz zu trainieren, ist daher ein Muss für die kindliche Entwicklung.*

**Material:** Bleistifte, Zeichenpapier, Radiergummis
**Alter:** ab 5 Jahren

Zwei Kinder sitzen einander gegenüber. Jedes Kind hat einen Zeichenbogen und einen Bleistift zur Verfügung. Die Kinder einigen sich darauf, wer als Erstes ein Bild vormalen darf bzw. wer die Vorgabe nachmalt. Kind eins malt nun ein einfaches Bildmotiv, das Kind zwei spiegelverkehrt auf seinen Bogen übertragen muss. Da das spiegelverkehrte Malen keine einfache Aufgabe ist, wird sich das zweite Kind sicher häufig ärgern, wenn es wieder radieren muss. Gelingt die spiegelverkehrte Darstellung, wechseln die Kinder die Rollen.

 Experimentieren, selbstständiges Entdecken, Gestalten
 Wahrnehmungsfähigkeit, Selbsterfahrungsprozesse, Konzentrationsfähigkeit, Lern- und Intelligenzentwicklung, Persönlichkeitsentwicklung

## Pinselkampf

**Material:** Zeichenpapier A3, Klebeband, Temperafarbe, Farbteller, Pinsel, Becher
**Alter:** ab 5 Jahren

Zwei Kinder sitzen sich am Tisch gegenüber. In der Mitte des Tisches ist ein Zeichenpapier mit Klebeband befestigt. Die Kinder wählen sich zwei unterschiedliche Spielfarben aus und bewaffnen ihren Pinsel mit ihrer Farbe. Die Spielleitung gibt die nachfolgenden Anweisungen für den Pinselkampf. Dabei hält sie nach jeder Anweisung etwa fünf Sekunden inne, damit die Kinder das Gehörte malerisch umsetzen können:

1. Die Farben gehen in Stellung. – Die Kinder setzen den Pinsel aufs Papier.
2. Sie schleichen sich zur Mitte hin an. – Die Kinder tasten sich mit dem Pinsel zur Mitte vor.
3. Sie gehen in Deckung. – Die Kinder gehen mit dem Pinsel in die Ausgangsstellung zurück und nehmen neue Farbe auf.
4. Sie haben Angst voreinander und zittern. – Die Kinder führen zitternde Bewegung auf dem Papier aus.
5. Sie umkreisen sich. – Die Kinder lassen die Pinsel umeinander tanzen.
6. Sie laden „Munition". – Die Kinder nehmen erneut Farbe auf.
7. Sie attackieren sich und schieben sich hin und her. – Die Kinder kämpfen mit ihren Pinseln darum, wer die größte Fläche des Blattes bemalen kann.
8. Sie ergreifen die Flucht. – Die Kinder beenden den Pinselkampf.

Nach Abschluss des Kampfes beginnt die Freundschaftsphase. Die Kinder einigen sich gemeinsam auf eine Farbe, mit der sie den Hintergrund ausmalen. Nach all dem Gerangel werden die Kinder stolz auf ihr gemeinsames Bild sein.

 Experimentieren, selbstständiges Entdecken, Erfinden, Verändern und Verfremden, Gestalten

 Materialerfahrung, Grob- und Feinmotorik, soziales Verhalten, Wahrnehmungsfähigkeit, Selbsterfahrungsprozesse, Konzentrationsfähigkeit, Persönlichkeitsentwicklung

## Konfliktrollenspiel

*Rollenspiele regen zum Perspektivwechsel an. Die Kinder lernen im Spiel, Gefühle und Meinungen anderer wahrzunehmen, sie zu verstehen und nach Kompromissen zu suchen, sie auszutesten und den Konflikt zu beenden.*

**Alter:** ab 5 Jahren

Die Kinder sitzen im Stuhlkreis. Die Spielleitung bestimmt aus den nachfolgenden Anregungen ein Thema für das Rollenspiel:

1. Die Kinder malen am Maltisch. Plötzlich malt ein Kind in das Bild des anderen Kindes. Darauf bricht Streit und großes Geschrei aus.
2. Ein Kind gestaltet mit Ton oder faltet ein Papierflugzeug. Es gelingt ihm nicht, wird daher wütend und stört die anderen Kinder.
3. Es ist Winter. Die Kinder laufen zur Garderobe, um ihre Jacken anzuziehen und auf das Außengelände zu gehen. Zwei Kinder streiten sich um eine Jacke.
4. Ein Kind ist neu in der Gruppe und möchte mit den Kindern in der Bauecke spielen. Ein dominantes Kind will dies nicht zulassen. Das neue Kind fängt zu weinen an.
5. Zwei Kinder spielen miteinander ein Gesellschaftsspiel. Plötzlich entbrennt ein Streit um die Spielregeln und den Gewinner.
6. Ein Kind beobachtet, wie ein anderes Kind aus seiner Jacke ein kleines Auto herausnimmt. Daraufhin bricht ein großer Streit aus.
7. Zwei Kinder streiten sich um ein Spielzeug. Sie reißen sich das Spielzeug andauernd aus der Hand und streiten sich so laut, dass andere Kinder darauf aufmerksam werden.
8. Ein Kind hat ein schönes Spielzeug von zu Hause mitgebracht. Ein anderes Kind leiht sich das Spielzeug aus. Beim Spielen geht es kaputt. Daraufhin bricht Streit und ein großes Geschrei aus.
9. Es ist Kreisspielzeit. Die Kinder suchen sich einen freien Platz. Dabei entbrennt ein Streit zwischen drei Kindern, weil zwei der Kinder unbedingt nebeneinander sitzen wollen.

Steht das Thema fest, werden zwei Kinder für das Rollenspiel ausgesucht. Dabei kann es sich entweder um Freiwillige handeln oder es werden gezielt Kinder ausgesucht, die zuvor einen ähnlichen Konflikt hatten. Damit sich die Kinder die Konfliktsituation vor Augen führen können, stellt die Spielleitung den Kindern folgende Fragen:

- Worum geht es im Konflikt?
- Wer streitet mit wem?
- Wie äußert sich der Konflikt?
- Warum ist der Konflikt entstanden?
- Wie kann der Konflikt gelöst werden?

Die Kinder führen das Rollenspiel auf. Im Anschluss diskutiert die ganze Gruppe über mögliche Lösungsstrategien.

 Suchen und Sammeln, selbstständiges Entdecken, Erfinden, Darstellen

 soziales Verhalten, Wahrnehmungsfähigkeit, Selbsterfahrungsprozesse, Konzentrationsfähigkeit, Lern- und Intelligenzentwicklung, Fantasie und schöpferische Expressivität, Persönlichkeitsentwicklung

## Stoppuhrgespräche

*Konflikte in Kindergruppen eskalieren häufig, wenn nicht rechtzeitig eingegriffen wird. Eine Methode der Schlichtung ist das Stoppuhrgespräch. Hierbei sind die Kinder gezwungen, ihre Argumente auf den Punkt zu bringen und der anderen Streitpartei gut zuzuhören.*

**Material:** Stoppuhr
**Alter:** ab 5 Jahren

Die Kinder, die sich gestritten haben, setzen sich mit einer Betreuungsperson zusammen. Sie führen miteinander ein Streitgespräch. Jedes Kind hat im Wechsel dreißig Sekunden Sprechzeit, um den Konflikt aus seiner Sicht zu schildern. Über die Einhaltung der Redezeit wacht die Betreuungsperson mit einer Stoppuhr. Nach dem Klingeln der Stoppuhr ist jeweils das nächste Kind an der Reihe. Die Kinder reden so lange miteinander, bis sie eine Einigung finden.

 Suchen und Sammeln, selbstständiges Entdecken, Verändern und Verfremden
 soziales Verhalten, Wahrnehmungsfähigkeit, Selbsterfahrungsprozesse, Konzentrationsfähigkeit, Lern- und Intelligenzentwicklung, Persönlichkeitsentwicklung

## Deine Hand = meine Hand

**Material:** Zeichenpapier, Klebeband, Filzstifte
**Alter:** ab 6 Jahren

Die Kinder bilden Paare, die sich jeweils aus einem Rechtshänder und einem Linkshänder zusammensetzen. Sie fixieren ein Zeichenpapier mit Klebeband am Tisch und stellen sich einander gegenüber. Jeder Spieler erhält einen Stift. Die Kinder führen jeweils die Hand des anderen Mitspielers. Wer von den Kindern wird sich wohl ohne Gegenwehr führen lassen?

 Experimentieren, selbstständiges Entdecken, Gestalten
 Grob- und Feinmotorik, soziales Verhalten, Wahrnehmungsfähigkeit, Selbsterfahrungsprozesse, Konzentrationsfähigkeit, Lern- und Intelligenzentwicklung, Persönlichkeitsentwicklung

## Flüsternd streiten

*Konflikte werden meist lautstark ausgetragen. Die Kinder schreien sich an, fluchen und geraten so immer mehr in Rage. Leises streiten wirkt beruhigend und kann so zur Streitschlichtung beitragen.*

**Alter:** ab 6 Jahren

Zwei oder mehrere Kinder in der Gruppe streiten sich lautstark und werden immer aggressiver. Die Spielleitung greift ein, indem sie die Kinder auffordert, leise weiterzustreiten. Da leises Streiten ein Paradox in sich ist, beruhigt sich die Situation in der Regel recht schnell. Die Kinder lernen, dass Konflikte nicht eskalieren müssen, wenn sie in Ruhe ausgetragen werden.

 Experimentieren, selbstständiges Entdecken, Verändern und Verfremden
 soziales Verhalten, Wahrnehmungsfähigkeit, Selbsterfahrungsprozesse, Konzentrationsfähigkeit, Lern- und Intelligenzentwicklung, Persönlichkeitsentwicklung

# Kreativ & klug durch
# *den Mut, sich zu äußern*

### Aktivitäten zur Förderung
### der Selbstsicherheit und der Kommunikationskompetenz

Viele Firmen und Institutionen fordern ihre Mitarbeiter auf, sich mit Verbesserungsvorschlägen an der Optimierung der Firma zu beteiligen, bieten sogar Erfolgsprämien oder prämieren die Idee des Monats. „Sagen sie uns ihre Meinung!", heißt es zudem in Umfragebögen der Meinungsforschungsinstitute oder Parteien werben um engagierte Mitglieder, die Mut haben für ihre Überzeugung verbal und aktiv einzustehen. Wir leben in einer Welt der Kommunikation, in der sich jeder Tag für Tag beweisen muss.

Doch was nutzen alle Appelle, die eigene Meinung kundzutun, wenn wir unseren Kindern nicht zeigen, dass ihre Meinung gefragt ist? Deshalb sollte Kindern möglichst frühzeitig die Gelegenheit gegeben werden, sich zu äußern. Wer sagt, was er denkt, braucht jedoch Mut, denn er gibt Persönliches preis und muss zu den Inhalten stehen und sie vertreten. Außerdem richtet sich die ganze Aufmerksamkeit auf ihn. Vielen Kindern ist dies unangenehm, sie müssen erst lernen, im Mittelpunkt zu stehen. Haben sie jedoch den Mut gefasst, sich verbal einzubringen, dann hat das in der Regel mehr Selbstbewusstsein zur Folge. Kinder hingegen, die Schwierigkeiten haben, sich zu äußern, tun sich häufig auch in der Schule schwer. Denn Mitarbeit in der Schule heißt nicht nur zuhören, aufnehmen und verarbeiten, sondern auch aktive Beteiligung.

Um die Kinder spielerisch und gestalterisch zur eigenen Meinungsäußerung zu motivieren, bietet das nachfolgende Kapitel eine abwechslungsreiche Angebotspalette.

# Erzählrunde

*Gerade für die ruhigen und schüchternen Kinder ist es wichtig, dass sie Raum zum Erzählen haben. Dies gelingt häufig besser in einer extra dafür eingerichteten Runde als im alltäglichen Chaos.*

**Alter:** ab 4 Jahren

Erzählrunden sollten mindestens einmal die Woche stattfinden, damit die Kinder Routine im Erzählen aufbauen können. Dazu kommen alle Kinder in einem Sitzkreis zusammen. Die Spielleitung fragt in die Runde, wer etwas erzählen möchte. Wichtig: Kein Kind wird dazu gezwungen, etwas zu erzählen. Um die Kinder zum Sprechen zu animieren, bittet die Spielleitung die Kinder, in sich hineinzuhorchen und zu erforschen, welche Wünsche, Interessen und Bedürfnisse sie haben. Falls keines der Kinder von sich aus erzählen möchte, kann die Spielleitung auch Anregungen für Gesprächsthemen geben, z. B.:

- Lieblingsmärchen
- Wochenenderlebnisse
- Planungs- und Reflexionsrunden zu Projekten, Spieleinheiten und Themen
- Witze
- Träume
- Bildvorstellung nach Fertigstellung eines Bildes

 Suchen und Sammeln, selbstständiges Entdecken

 soziales Verhalten, Selbsterfahrungsprozesse, Konzentrationsfähigkeit, Lern- und Intelligenzentwicklung, Persönlichkeitsentwicklung

## Jeder Vorschlag zählt

*Kinder müssen lernen, dass alle Vorschläge wichtig sind; das heißt, jede Idee eines Kindes bereichert auch das Leben der anderen Kinder. Dies können Kinder im Rahmen größerer Projekte sehr schön erfahren.*

**Material:** Zeichenpapier A3, Stift
**Alter:** ab 4 Jahren

Am Beispiel des Projektes „Wir führen ein Theaterstück auf" soll der Prozess des Ideensammelns und der Umsetzung der Ideen mit den Kindern durchlaufen werden. Dazu werden die Kinder mit drei bis vier unterschiedlichen Geschichten und mit unterschiedlichen Formen des darstellenden Spiels vertraut gemacht (z. B. Schattenspiel, Puppenspiel, Theaterspiel, Pantomime), damit sie sich für das Thema des Theaterstücks und die Art der Vorführung entscheiden können. Bei der Vorbereitung des Projektes können ihnen folgende Fragen behilflich sein:

- Für welche Form des darstellenden Spiels entscheiden wir uns?
- Wie gehen wir bei der Erarbeitung vor?
- Gibt es einen Erzähler? Sprechen wir die Rollen?
- Wer könnte welche Rolle übernehmen? Das Stück hat nur fünf Hauptrollen, welche Rollen könnten die anderen übernehmen? Was ist, wenn jemand krank wird?
- Wie sollen die Kostüme aussehen? Wann werden sie von wem fertiggestellt?
- Welche Materialien benötigen wir für Kleidung, Requisiten usw.?
- Wo proben wir? Wann probieren wir?
- Soll es Musik geben? Brauchen wir ein Musikwiedergabegerät?
- Wen wollen wir zum Stück einladen? Wie soll die Einladung gestaltet sein?
- Wann ist die Premiere?

Anhand der Fragen planen die Kinder die Vorführung. Die Antworten auf die Fragen werden von der Spielleitung auf einem großen Bogen Papier gesammelt. Alle Kinder sind an den Entscheidungen beteiligt. Sie merken so, dass ihre Ideen und Meinungen von Bedeutung sind. Im gegenseitigen Austausch wird ihnen zudem bewusst, dass nicht immer alle Meinungen berücksichtigt werden können und daher Kompromisse eingegangen werden müssen.

 Suchen und Sammeln, selbstständiges Entdecken
 soziales Verhalten, Selbsterfahrungsprozesse, Konzentrationsfähigkeit, Lern- und Intelligenzentwicklung, Fantasie und schöpferische Expressivität, Persönlichkeitsentwicklung

## Persönliche Urkunde

**Material:** Zeichenpapier A4, Bunt- und Filzstifte, Kleber, pro Kind 1 Foto
**Alter:** ab 4 Jahren

Die Kinder stellen sich selbst eine Urkunde aus. Dazu erhalten sie einen Bogen Zeichenpapier, den die Spielleitung vorab mit dem Schriftzug „Meine persönliche Urkunde" beschriftet hat. Darunter kleben die Kinder ihr Porträtfoto und gestalten den Papierrand farbig aus. Die Spielleitung führt dann mit jedem Kind einzeln ein Gespräch, in dem das Kind beschreibt, was es selbst gut kann. Die Stärken der Kinder werden auf der Urkunde notiert. Die Urkunden werden anschließend in der Gruppe aufgehängt.

 Suchen und Sammeln, selbstständiges Entdecken, Gestalten
 soziales Verhalten, Wahrnehmungsfähigkeit, Selbsterfahrungsprozesse, Konzentrationsfähigkeit, Fantasie und schöpferische Expressivität, Persönlichkeitsentwicklung

## Redestein, Redehut, ...

*Nach vielen Aktivitäten findet eine Abschlussreflexion statt. Meist äußern sich dabei immer die gleichen Kinder. Um alle Kinder zu animieren, etwas zu sagen, vor allem auch diejenigen, denen das Sprechen eher schwer fällt, kann ein Gegenstand wie der Redestein oder der Redehut herumgereicht werden. Dieser signalisiert: „Jetzt rede ich!"*

**Material:** z. B. Hut, Stein, Kristall, Plüschtier
**Alter:** ab 4 Jahren

Die Kinder sitzen im Stuhlkreis. Der ausgewählte Gegenstand wandert dort von Kind zu Kind. Das Kind, das diesen Gegenstand in der Hand hält, darf sich äußern, muss sich aber nicht äußern. Die anderen Kinder müssen schweigen, solange das Kind spricht. Nachdem das Kind zu Ende erzählt hat, gibt es den Gegenstand weiter. Anregungen für Gegenstände:
- Stein – Redestein
- Kristall – Redekristall
- Hut – Redehut
- Plüschtier – wie z. B. der Redebär

 Suchen und Sammeln, selbstständiges Entdecken
 soziales Verhalten, Selbsterfahrungsprozesse, Konzentrationsfähigkeit, Lern- und Intelligenzentwicklung, Persönlichkeitsentwicklung

## Mut-Sammler

**Material:** Schuhkarton mit Deckel (evtl. Farben, Buntpapier, Kleber zum Gestalten eines Mutbriefkastens), Papier, Stift, Schere
**Alter:** ab 5 Jahren

Die Spielleitung schneidet in den Deckel eines Schuhkartons einen Schlitz und gestaltet so einen Mutbriefkasten. Sie ruft die Kinder zu einem Stuhlkreis zusammen und fragt in die Runde, was es heißt, mutig zu sein? Wer schon einmal aus der Gruppe sehr mutig war? Wofür Mut gebraucht wird? Welche besonders mutigen Personen die Kinder kennen? Was diese mutigen Personen gemacht haben? Was wichtig ist, um Mut zu entwickeln? Die Kinder tauschen sich zum Thema Mut aus und werden dann zu Mutsammlern ernannt. Sobald sie etwas Mutiges beobachten, sollen sie es der Spielleitung erzählen. Diese schreibt die Handlung des entsprechenden Kindes auf und wirft sie in den Schuhkarton. Nach einem Monat wird der Mutbriefkasten geöffnet und die Spielleitung berichtet von den mutigen Taten des letzten Monats.

 Suchen und Sammeln, selbstständiges Entdecken, Darstellen
 soziales Verhalten, Wahrnehmungsfähigkeit, Selbsterfahrungsprozesse, Konzentrationsfähigkeit, Fantasie und schöpferische Expressivität, Persönlichkeitsentwicklung

*Kreativ & klug durch* den Mut, sich zu äußern

## Gegenstände erzählen Geschichten

**Material:** alte, gebraucht aussehende Gegenstände (z. B. Schuhe, Taschen, Kaffeekanne, Teppich, Stock, Koffer, Gießkanne, Kartoffelsack, Blumentopf, Bügeleisen, Rad, Drachen, Schwimmreif, Topf), Zeichenpapier, Buntstifte, Stifte
**Alter:** ab 5 Jahren

Die Kinder sitzen im Stuhlkreis, in der Mitte liegen verschiedene Gegenstände – mindestens in der Anzahl der Kinder. Die Kinder wählen einen der Gegenstände aus der Mitte aus und nehmen ihn mit auf ihren Platz. Sie überlegen sich, was der Gegenstand schon alles erlebt haben könnte, und erzählen es der Reihe nach den anderen Kindern.

## Variante ab 4 Jahren
Jüngere Kinder können alternativ auch ein Bild über die Geschichte des Gegenstands malen.

## Variante ab 6 Jahren
Ältere Kinder, die schon schreiben können, erhalten Zeit, um eine kleine Geschichte zu schreiben.

 Suchen und Sammeln, Experimentieren, selbstständiges Entdecken, Erfinden, Gestalten
 Wahrnehmungsfähigkeit, Selbsterfahrungsprozesse, Konzentrationsfähigkeit, Lern- und Intelligenzentwicklung, Fantasie und schöpferische Expressivität, Persönlichkeitsentwicklung

## Kugellagergespräche

**Alter:** ab 5 Jahren

Die Kinder teilen sich in zwei Gruppen ein. Sie bilden einen inneren und einen äußeren Stuhlkreis und setzen sich mit zugewandtem Gesicht einander gegenüber. Auf ein Signal der Spielleitung unterhalten sich die jeweils einander Gegenübersitzenden zu einem Thema, das die Spielleitung vorgibt. Dafür haben sie einen bestimmten Zeitraum zur Verfügung (z. B. 30 Sekunden oder 1 Minute). Dann wechseln die Kinder des inneren Stuhlkreises ihre Plätze um einen Stuhl nach links, sodass jedes Kind einen neuen Gesprächspartner hat. Das Spiel beginnt von Neuem. Es endet, sobald sich jedes Kind einmal mit jedem anderen Kind unterhalten hat. Auf diese Art lernen die Kinder, sich gezielt über bestimmte Themen zu unterhalten, und erfahren zudem etwas mehr über ihre Spielkameraden.

 Suchen und Sammeln, selbstständiges Entdecken
 soziales Verhalten, Wahrnehmungsfähigkeit, Selbsterfahrungsprozesse, Konzentrationsfähigkeit, Lern- und Intelligenzentwicklung, Persönlichkeitsentwicklung

## Expertengespräche

*Kinder haben unterschiedliche Interessen und Hobbys, für die sie Experten sind. Diese Steckenpferde der Kinder eignen sich gut, um sie zum Erzählen zu bewegen.*

**Material:** Stifte, Zettel
**Alter:** ab 5 Jahren

Einmal in der Woche kann der Stuhlkreis mit den Kindern dazu genutzt werden, um über ihre verschiedenen Interessen und Hobbys zu sprechen. Jedes Kind nennt der Spielleitung dazu ein Thema, in dem es sich gut auskennt (z. B. Autos, Tiere, Singen, Feuerwehr, Tanzen, Musizieren, Sport, Malen, Computer). Die Spielleitung notiert dieses zusammen mit dem Namen des Kindes auf einem Zettel und gibt ihn in einen Schuhkarton. Einmal die Woche wird dann ein Zettel aus dem Schuhkarton gezogen, um den Experten für die nächste Expertenrunde auszuwählen. Der per Los ermittelte Experte informiert die anderen dann über das von ihm ausgewählte Thema.

- Suchen und Sammeln, selbstständiges Entdecken, Verändern und Verfremden
- soziales Verhalten, Selbsterfahrungsprozesse, Konzentrationsfähigkeit, Lern- und Intelligenzentwicklung, Persönlichkeitsentwicklung

## Handreflexion

*Nach einem Spiel oder einem Erlebnis tauschen sich die Kinder im Rahmen einer Gesprächsrunde über das Erlebte aus. Dazu nutzen sie die Methode der Handreflexion, in der jeder Finger einer bestimmten Fragestellung zugeordnet ist. Die Kombination zwischen gesprochener Sprache und Fingersprache unterstützt die Kinder dabei, sich das Erlebte in Erinnerung zu rufen und es in Erinnerung zu behalten.*

**Alter:** ab 5 Jahren

Die Kinder sitzen in einem Stuhlkreis. Die Spielleitung legt ein Thema für die Handreflexion fest, z. B. Besuch im Zoo, und erklärt den Kindern die Methode: Jeder Finger steht für eine bestimmte Frage, zu der sich die Kinder der Reihe nach äußern sollen. Folgende Fragestellungen bieten sich an:
- Daumen – Was war mir besonders wichtig?
- Zeigefinger – Worauf will ich Euch hinweisen?
- Mittelfinger – Was war das größte?
- Ringfinger – Was war mir am kostbarsten?
- Kleiner Finger – Was möchte ich noch gerne sagen?

Ein beliebiges Kind beginnt, indem es systematisch anhand seiner Finger die Fragen beantwortet, die die Spielleitung stellt, z. B.: Was war mir besonders wichtig? – Tim streckt den Daumen in die Höhe und sagt: „Die Elefanten zu füttern". Worauf will ich Euch hinweisen? – Tim streckt den Zeigefinger in die Höhe und sagt: „Das nächste Mal müssen wir mehr Zeit haben" usw. Reihum beantworten die Kinder die Fragen.

- Suchen und Sammeln, selbstständiges Entdecken
- soziales Verhalten, Selbsterfahrungsprozesse, Konzentrationsfähigkeit, Lern- und Intelligenzentwicklung, Persönlichkeitsentwicklung

# Erzählthron

**Material:** Stuhl
**Alter:** ab 5 Jahren

Die Kinder bilden einen Stuhlkreis. In der Mitte steht der Erzählthron, den die Kinder zuvor in besonderer Weise gestaltet haben (z. B. mit Luftballons dekoriert oder mit Alufolie umwickelt), damit er aus den anderen Stühlen optisch herausragt. Möchte ein Kind etwas zu einem bestimmten Thema sagen, dann setzt es sich auf den Thron. Alle anderen Kinder müssen dann schweigen. Sobald es mit Erzählen fertig ist, macht es den Platz für das nächste Kind frei, das etwas zu erzählen hat. Wenn kein Kind mehr erzählen möchte, löst sich der Stuhlkreis wieder auf.

 Suchen und Sammeln, selbstständiges Entdecken
 soziales Verhalten, Selbsterfahrungsprozesse, Konzentrationsfähigkeit, Persönlichkeitsentwicklung

# Plakatvisionen

*Plakate und Bilder stellen für Kinder ein besonders gutes Mittel dar, um eigene Meinungen zum Ausdruck zu bringen. Die Kinder können sich gestalterisch austoben und dabei unterschiedliche Materialien verwenden. Gerade schüchterne Kinder können so aus sich herauskommen, ohne selbst zu sehr im Mittelpunkt zu stehen.*

**Material:** Deckmalfarben, Filzstifte, Buntstifte, Farbteller, Pinsel, Becher, Zeitschriften, Schere, Kleber
**Alter:** ab 5 Jahren

Auf einem Basteltisch liegen verschiedene Gegenstände für die Kinder bereit, mit denen sie ein eigenes Plakat gestalten sollen. Die Spielleitung gibt dafür ein Thema vor, z. B.:

- Wie sieht der Traumspielplatz oder das Traumhaus aus?
- Welche Kleidung magst Du besonders?
- Das mag ich besonders! Das mag ich gar nicht!
- Gestalte eine Wetterkarte, die Deiner momentanen Stimmung entspricht! (Gibt es Regen, Nebel, Sonne, Sturm, Hagel?)
- Gestalte eine Landschaftskarte, die Deiner momentanen Stimmung entspricht! (Gibt es Täler, steinige Wege, Berge, düstere Wälder, weite, blumige Felder?)
- Welche Musik findest Du toll?
- Für welche Idole oder Vorbilder schwärmst Du?

Je nach Themenstellung wählen die Kinder ihre Materialien für die Plakatgestaltung aus. Das eine Kind wird vielleicht eher malen, während das andere Kind aus Zeitungsbildern eine Collage gestaltet. Die gestalteten Bilder sind sehr persönliche Aussagen über Vorlieben und Gedanken der Kinder, die sie vielleicht verbal nie so direkt hätten ausdrücken können.

 Suchen und Sammeln, selbstständiges Entdecken, Erfinden, Verändern und Verfremden, Gestalten
 Materialerfahrung, Grob- und Feinmotorik, Wahrnehmungsfähigkeit, Selbsterfahrungsprozesse, Konzentrationsfähigkeit, Fantasie und schöpferische Expressivität, Persönlichkeitsentwicklung

## Es war einmal ...

**Material:** pro Kind 1 selbst gestaltete Spielkarte
**Alter:** ab 5 Jahren

Die Spielleitung bereitet Spielkarten vor, auf die sie Abbildungen zu bestimmten Begriffen malt oder aufklebt bzw. die Begriffe aufschreibt (z. B. Fee, Apfel, Ritter, Sonne, Wurm, Maus, Gießkanne, Zwerg, Baum, Schloss, Katze, Burg, Auto, Nest, Geschenk, Hexe, Zauberer, Eier, Vogel Hut, Flugzeug, Kuchen, Vase). Bei der Auswahl der Begriffe ist wichtig, dass die Kinder zwischen ihnen einfach Zusammenhänge herstellen können.
Die Kinder sitzen im Stuhlkreis, auf dem Boden liegen verdeckt die vorbereiteten Kärtchen. Jedes Kind zieht eine Karte. Die Spielleitung beginnt: „Es war einmal ..." Das mutigste Kind darf nun weitererzählen und zu dem Begriff auf seinem Kärtchen drei bis vier Sätze sagen. Sobald es geendet hat, darf das nächste Kind die Geschichte mithilfe seines Begriffes fortsetzen usw. Kein Kind wird dazu gezwungen, etwas zu sagen. Die Spielleitung ermutigt jedoch die Kinder dazu, sich zu beteiligen, indem sie darauf hinweist, wie wichtig jedes Kärtchen für die Entwicklung der Geschichte ist. Wie wird die Geschichte wohl enden?

 Suchen und Sammeln, Experimentieren, selbstständiges Entdecken, Erfinden
 soziales Verhalten, Wahrnehmungsfähigkeit, Selbsterfahrungsprozesse, Konzentrationsfähigkeit, Lern- und Intelligenzentwicklung, Fantasie und schöpferische Expressivität, Persönlichkeitsentwicklung

Kreativ & klug durch den Mut, sich zu äußern

## Geschichten-Scribble

**Alter:** ab 5 Jahren

Die Kinder erhalten von der Spielleitung vier Hauptwörter (z. B. Sonne, Clown, Krankenhaus, Torte) oder überlegen sich selbst vier Hauptwörter. Zu diesen Wörtern entwickelt jedes Kind spontan eine kleine Geschichte, die es dann den anderen Kindern im Stuhlkreis vorträgt. Die Spielleitung kann die Geschichten der Kinder auch mitschreiben, um sie später z. B. in die Portfoliomappe eines jeden Kindes zu legen oder um sie in einem Schnellhefter zu sammeln.

 Suchen und Sammeln, Experimentieren, selbstständiges Entdecken, Erfinden
soziales Verhalten, Wahrnehmungsfähigkeit, Selbsterfahrungsprozesse, Konzentrationsfähigkeit, Lern- und Intelligenzentwicklung, Fantasie und schöpferische Expressivität, Persönlichkeitsentwicklung

## Bildgeschichten

*Szenische Bildgeschichten, wie z. B. Papa-Moll-Geschichten, eignen sich besonders gut, um die Kinder zum Erzählen anzuregen. Die einzelnen Szenen können leicht unter den Kindern aufgeteilt werden, sodass sie nicht von einer zu großen Informationsmenge überfordert werden.*

**Material:** Bildgeschichte (z. B. Papa Moll)
**Alter:** ab 5 Jahren

Die Kinder finden sich in einer Gruppe zusammen. Die Gruppengröße ist abgestimmt auf die Szenen der Papa-Moll-Geschichte, die die Kinder sich gegenseitig beschreiben sollen. Die Spielleitung gibt dazu eine Kopie einer Papa-Moll-Geschichte an das erste Kind weiter. Dieses erzählt nun, was es auf dem ersten Bild der Geschichte sehen kann, und reicht die Geschichte dann an das nächste Kind weiter. Das zweite Kind beschreibt nun den Bildinhalt der zweiten Szene. Ein Kind nach dem anderen erzählt so, was es auf dem jeweiligen Folgebild erkennen kann, z. B.:
- Bild 1: Papa Moll geht mit seinem Sohn spazieren und entdeckt eine Blume.
- Bild 2: Papa Moll riecht an einer Blume.
- Bild 3: Papa Moll wird von eine Biene in die Nase gestochen.
- Bild 4: Sein Sohn rennt weg, um Rettung zu organisieren usw.

Falls der Wunsch besteht, können die Kinder die Papa-Moll-Geschichte auch in einem kleinen improvisierten Theaterstück nachspielen.

 Experimentieren, selbstständiges Entdecken, Erfinden, Darstellen
 soziales Verhalten, Wahrnehmungsfähigkeit, Selbsterfahrungsprozesse, Konzentrationsfähigkeit, Lern- und Intelligenzentwicklung, Fantasie und schöpferische Expressivität, Persönlichkeitsentwicklung

# Reimrunde

**Alter:** ab 5 Jahren

Die Kinder kommen in einem Stuhlkreis zusammen. Die Spielleitung gibt den Kindern einen Satz vor, den sie in Reimform beenden sollen, wie z. B.:
- „Einst lebte Ritter Kunibert ..."
- „Erschrocken machte eine Katze ..."
- „Geduldig ist die kleine Maus ..."
- „Traurig sagt die kleine Blume ..."

Wer möchte, kann aus dem vorgegebenen Satz auch eine ganze Strophe eines Gedichtes machen, indem er zwei weitere Zeilen ergänzt. Nach einer kurzen Phase des Überlegens tragen die Kinder ihre Reime vor.
Wie unterschiedlich und lustig werden die einzelnen Ergebnisse sein? Jedes Kind erhält ein dickes Lob für den Mut, sein Ergebnis vorzutragen.

 Suchen und Sammeln, Experimentieren, selbstständiges Entdecken, Erfinden
 Wahrnehmungsfähigkeit, Selbsterfahrungsprozesse, Konzentrationsfähigkeit, Lern- und Intelligenzentwicklung, Fantasie und schöpferische Expressivität, Persönlichkeitsentwicklung

# Kreativ & klug durch
# *Analyse- und Synthesefähigkeit*

### Aktivitäten zur Förderung kognitiver Denkprozesse

Kinder sind von Natur aus kleine Forscher. Auf ihrer Entdeckungsreise durch die Welt werden sie ständig vor neue Fragen gestellt, die sie sich durch Versuch und Irrtum und durch logische Schlussfolgerungen zu beantworten versuchen. Wann rollt ein Ball nach vorn? Muss ich ihn dazu anstoßen? Manchmal ja, aber nicht immer. Den Berg rollt er von alleine runter, hinauf rollt er ihn hingegen nur mit einem Anstoß, um dann gleich wieder zurückzurollen. Warum ist das so?

Um den Dingen auf den Grund zu gehen, prüfen sie alles aufs Genaueste, führen Experimente durch, erforschen und analysieren Phänomene und reflektieren das, was sie gesehen und erlebt haben. Durch die intensive Auseinandersetzung mit ihrer Umgebung gelangen sie dann zu Schlussfolgerungen in der Art: „Wenn ... passiert, dann folgt daraus ..." Auf der Suche nach den Antworten zu ihren Fragen müssen sie zudem bereits Gelerntes mit neuen Erkenntnissen verknüpfen – sie müssen verschiedene Informationen in einer Synthese zusammenführen, um sich kognitiv weiterentwickeln zu können.

Das nachfolgende Kapitel enthält Angebote, in denen Kinder die Fähigkeiten zu analysieren und Schlussfolgerungen zu ziehen einüben können. Sie erproben Ursache und Wirkung und lernen, Dinge zu reflektieren und Rückschlüsse zu ziehen.

## Hindernislauf mit Handicap

**Material:** pro Pärchen 1 Seil, Gegenstände für einen Parcours (z. B. Kisten, Stühle, Tische, Kegel, Bälle, Schüsseln mit Wasser, Seile, ein kleines Bänkchen)
**Alter:** ab 4 Jahren

Die Kinder bilden Paare. Sie stellen sich nebeneinander auf, sodass zwei ihrer Beine mit einem Seil zusammengebunden werden können. Gemeinsam probieren sie, wie sie sich trotz des Handicaps fortbewegen können. Die Spielleitung baut derweil einen Parcours mit verschiedenen kleinen Hindernissen auf. Diesen Parcours sollen sie gemeinsam bewältigen, ohne eines der Hindernisse zu berühren. Ganz schön knifflig, aber die Kinder werden sich schon etwas einfallen lassen.

- Suchen und Sammeln, Experimentieren, selbstständiges Entdecken, Erfinden
- Grob- und Feinmotorik, soziales Verhalten, Lern- und Intelligenzentwicklung

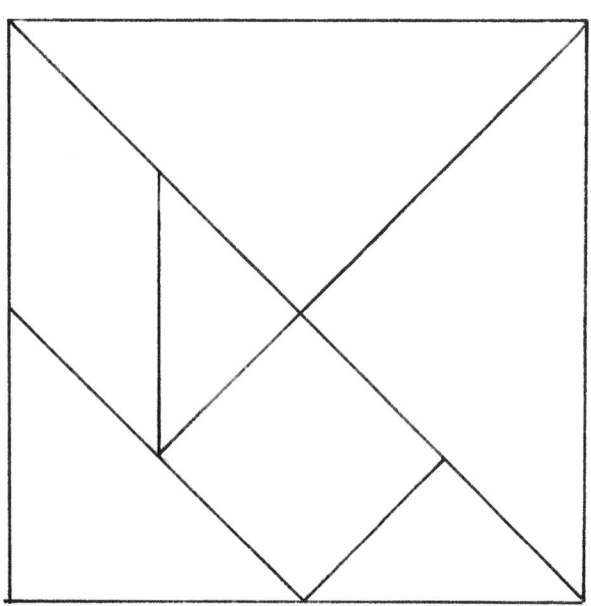

## Tangram

*Bei Tangram handelt es sich um ein Legespiel. Ähnlich einem Puzzle können aus verschiedenen Formen konkrete Figuren gelegt werden. Das Spiel fördert vor allem das räumliche Vorstellungsvermögen der Kinder.*

**Material:** Bastelvorlage für Formen, Kopierer, Schere
**Alter:** ab 4 Jahren

Die Spielleitung bereitet eine Bastelvorlage mit unterschiedlichen Formen vor (siehe untenstehende Muster) und kopiert sie in der Anzahl der Kinder. Die Kinder schneiden die Formen mit der Schere aus und legen daraus unterschiedliche Figuren zusammen (z. B. Ente, Haus, Kristall). Es ist wichtig, den Kindern hier keine allzu starken Vorgaben zu machen, damit sie frei experimentieren können und ihre Kreativität voll ausleben können.

- Experimentieren, selbstständiges Entdecken, Gestalten
- Materialerfahrung, Grob- und Feinmotorik, Wahrnehmungsfähigkeit, Selbsterfahrungsprozesse, Konzentrationsfähigkeit, Lern- und Intelligenzentwicklung, Fantasie und schöpferische Expressivität, Persönlichkeitsentwicklung

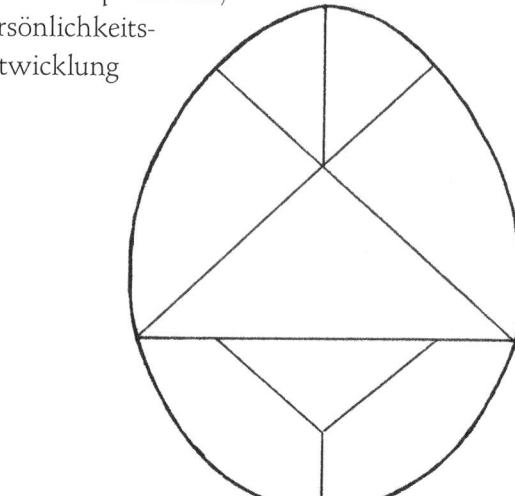

## Balancieren mit dem Stab

**Material:** Besenstiel oder Rundstab
**Alter:** ab 5 Jahren

Bis zu fünf Kinder stellen sich nebeneinander auf. Auf die ausgestreckten Zeigefinger ihrer rechten Hand legt die Spielleitung einen Besenstiel oder alternativ auch einen Rundstab. Die Kinder erhalten den Auftrag, den Besenstiel oder den Stab vorsichtig auf dem Boden abzulegen. Er darf dabei nicht zu Boden fallen. Das hört sich einfach an. Doch durch seine runde Form rollt der Stiel oder der Stab schnell mal von den Fingern runter, wenn die Kinder das Rundholz nicht vernünftig ausbalancieren.

  Suchen und Sammeln, Experimentieren, selbstständiges Entdecken, Erfinden
Grob- und Feinmotorik, soziales Verhalten, Wahrnehmungsfähigkeit, Selbsterfahrungsprozesse, Konzentrationsfähigkeit, Persönlichkeitsentwicklung

## Problemanalyse

**Material:** Redestein (siehe Redestein, Redehut ... auf Seite 82)
**Alter:** ab 5 Jahren

Die Kinder finden sich im Stuhlkreis zusammen. Im Kreis geht ein Redestein von Kind zu Kind. Jedes Kind darf, wenn es möchte, von einer schwierigen Situation erzählen, in der es sich befindet oder befunden hat (Beispiel: Ich hätte in der Bauecke so gern mitgespielt, die anderen haben mich aber nicht gelassen.). Eine der Geschichten wird aufgegriffen, um das Problem genau zu analysieren. Dabei gehen die Kinder wie folgt vor:

- Sie benennen konkret das Problem (David durfte das letzte Mal nicht mitspielen.).
- Sie benennen das Ziel (David spielt das nächste Mal mit.).
- Die Kinder sammeln Ideen, um das Problem zu lösen und das Ziel zu erreichen. Diese dürfen auch lustig oder verrückt sein. Die Ideen werden nicht gewertet (z. B.: David muss mit den anderen sein Spielzeug teilen.).
- Die Kinder werten die Ideen aus (wäre möglich, hört sich gut an, ist weniger realisierbar, nicht so gut, müsste man nochmals drüber nachdenken, ist super usw.).
- Jedes Kind in der Runde äußert, welche Lösung es am besten findet.
- Die Kinder einigen sich auf eine Lösung.

 Suchen und Sammeln, selbstständiges Entdecken
 soziales Verhalten, Wahrnehmungsfähigkeit, Selbsterfahrungsprozesse, Konzentrationsfähigkeit, Lern- und Intelligenzentwicklung, Persönlichkeitsentwicklung

## Fehlerbilder

**Material:** Bastelmaterialien (z.B. Zeitungen, Zeitschriften, Prospekte), Schere, Kleber
**Alter:** ab 5 Jahren

Die Kinder finden sich zum Basteln an einem Basteltisch zusammen. Auf dem Basteltisch befinden sich verschiedene Materialien, die zum Basteln verwendet werden können. Die Kinder fertigen eine Collage an. Das Thema und die Gestaltung der Collage ist ihnen vollkommen freigestellt (Themen: z.B. Essen, Kosmetik, Ferien, Obst, Menschen, Tiere, Blumen, Katzen, Hunde). In die Collage baut jedes Kind einen Fehler ein, z.B. könnte es ganz versteckt einen Gegenstand in das Bild einfügen, der nicht zur gewählten Thematik passt (z.B. beim Thema Ernährung ein Auto). Haben alle ihre Collage fertiggestellt, werden sie untereinander ausgetauscht. Die Kinder gehen auf Fehlersuche in den Bildern der anderen.

- Suchen und Sammeln, selbstständiges Entdecken, Verändern, Gestalten
- Materialerfahrung, Grob- und Feinmotorik, soziales Verhalten, Wahrnehmungsfähigkeit, Konzentrationsfähigkeit, Fantasie und schöpferische Expressivität

## Scharade

**Alter:** ab 5 Jahren

Die Kinder bilden zwei Gruppen. Gruppe A bestimmt den Begriff, den ein Spieler aus Gruppe B pantomimisch darzustellen hat. Gruppe B muss in diesem Fall den Begriff aufgrund der Bewegungen, Handlungen, Gestik und Mimik erraten. Die Kinder analysieren die Pantomime und schließen daraus auf den gesuchten Begriff.

- Suchen und Sammeln, selbstständiges Entdecken, Erfinden, Verändern und Verfremden, Darstellen
- soziales Verhalten, Wahrnehmungsfähigkeit, Selbsterfahrungsprozesse, Konzentrationsfähigkeit, Lern- und Intelligenzentwicklung, Fantasie und schöpferische Expressivität, Wertevermittlung, Persönlichkeitsentwicklung

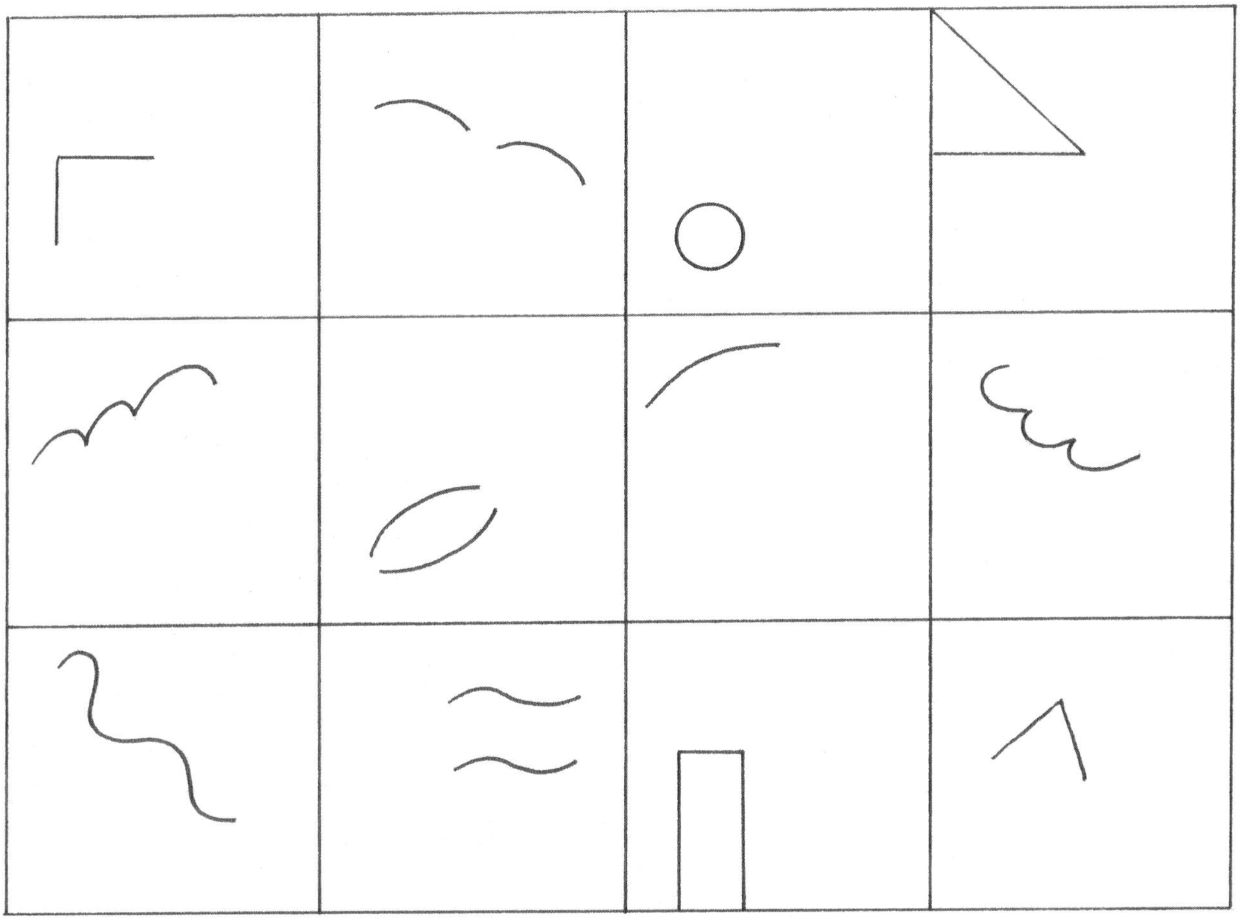

*Kreativ & klug durch* Analyse- und Synthesefähigkeit

## Wozu gehören die Linien?

**Material:** Malvorlage, Kopierer, Buntstifte, Filzstifte
**Alter:** ab 5 Jahren

Die Spielleitung bereitet eine Malvorlage mit verschiedenen Linien vor (siehe Muster) und vervielfältigt diese, damit jedes Kind seine eigene Vorlage erhält. Die dort dargestellten Linien sind Teillinien eines Ganzen. Die Kinder analysieren, aus welcher Gesamtzeichnung die Linien stammen könnten, und vervollständigen die Linien zu einem zusammenhängenden Bild (aus Wellenlinien könnte dann z. B. ein Meer entstehen). Dazu ergänzen die Kinder auf der Zeichnung passende Farben, Linien, Motive oder Gegenstände.

 Suchen und Sammeln, selbstständiges Entdecken, Gestalten

 Wahrnehmungsfähigkeit, Selbsterfahrungsprozesse, Konzentrationsfähigkeit, Lern- und Intelligenzentwicklung, Fantasie und schöpferische Expressivität, Persönlichkeitsentwicklung

## Ergänzungscollage

*Die Kinder analysieren im nachfolgenden Angebot die aufgeklebten Details einer Collage und schlussfolgern, welche Gegenstände, Motive oder Details der Collage sinnvoller Weise hinzugefügt werden können.*

**Material:** Kataloge, Schere, Klebstoff, Zeichenpapier A2, Filzstifte, Buntstifte, Deckmalfarben, Farbteller, Pinsel, Becher
**Alter:** ab 5 Jahren

Jedes Kind schneidet aus einem Katalog sechs nicht zusammengehörige Gegenstände (z. B. Fahrrad, Schuhe, Rock, Hose, Perlenkette, Spielzeugauto) aus und klebt sie mit Abstand auf ein Zeichenpapier. Die Collage wird dann an den linken Nachbarn weitergegeben. Dieser ergänzt die einzelnen Gegenstände auf dem Bild sinnvoll, z. B. indem er bei Abbildung eines Rockes eine Frau malt, die den Rock trägt, oder einem Auto eine Straße, die sich durch eine Landschaft schlängelt, hinzufügt.

 Suchen und Sammeln, Experimentieren, selbstständiges Entdecken, Gestalten
 Materialerfahrung, Grob- und Feinmotorik, soziales Verhalten, Wahrnehmungsfähigkeit, Selbsterfahrungsprozesse, Konzentrationsfähigkeit, Lern- und Intelligenzentwicklung, Fantasie und schöpferische Expressivität, Persönlichkeitsentwicklung

## Schlossarchitekten

*In diesem Spiel geht es darum, Formen additiv zu einem Schloss zusammenzufügen.*

**Material:** Zeichenpapier A2, Klebeband, Formen- und Farbwürfel, Edding oder Bleistift, Wachsmalstifte in den Farben des Farbwürfels
**Alter:** ab 5 Jahren

Die Kinder bilden Gruppen zu maximal fünf Personen und fixieren ein Zeichenpapier mit Klebeband auf einem Tisch. Gemeinsam haben sie die Aufgabe, ein Fantasieschloss zu zeichnen. Dazu würfeln sie der Reihe nach sowohl mit dem Formen- als auch mit dem Farbwürfel. Die gewürfelte Form wird jeweils mit Edding auf das Papier übertragen und mit der gewürfelten Farbe ausgemalt. Jede gewürfelte Form und Farbe eines Spielers ist ein Teil des gemeinsamen Fantasieschlosses und muss daher das Schloss sinnvoll ergänzen. Das Spiel endet, sobald das Fantasieschloss fertiggestellt ist. Die Gruppen führen ihr Fantasieschloss stolz vor.

 Suchen und Sammeln, Experimentieren, selbstständiges Entdecken, Erfinden, Gestalten
 Grob- und Feinmotorik, soziales Verhalten, Wahrnehmungsfähigkeit, Konzentrationsfähigkeit, Lern- und Intelligenzentwicklung, Fantasie und schöpferische Expressivität, Persönlichkeitsentwicklung

## Kinder-Backgammon

**Material:** pro Kind ein Streifen weißes Tonpapier, Spielsteine in zwei unterschiedlichen Farben (z. B. Knöpfe), Bleistift
**Alter:** ab 5 Jahren

Die Kinder bilden Paare. Pro Paar erhalten Sie von der Spielleitung einen Tonpapierstreifen von 21 cm Länge, der in sieben gleich große Felder unterteilt ist. Die Felder sind von eins bis sieben durchnummeriert. Jedes Kind erhält zudem drei Spielsteine in zwei unterschiedlichen Farben. Spieler A legt seine Steine auf die Felder eins, zwei und drei ab, Spieler B auf die Felder fünf, sechs und sieben. Außer Feld vier sind nun alle Felder mit Steinen belegt. Es gilt nun, die eigenen Steine von der einen Seite des Tonpapierstreifens auf die andere Seite zu bringen. Dabei gelten folgende Spielregeln:

- Bei jedem Zug darf der Stein nur ein Feld vor oder zurück bewegt werden.
- Auf keinem Feld dürfen zwei Steine liegen.
- Es darf immer nur ein Stein übersprungen werden.

Eine nicht ganz einfache Aufgabe, die nur zu lösen ist, wenn die Kinder ihre Züge vorab gut planen.

 Suchen und Sammeln, Experimentieren, selbstständiges Entdecken, Erfinden
 Wahrnehmungsfähigkeit, Konzentrationsfähigkeit, Lern- und Intelligenzentwicklung, Persönlichkeitsentwicklung

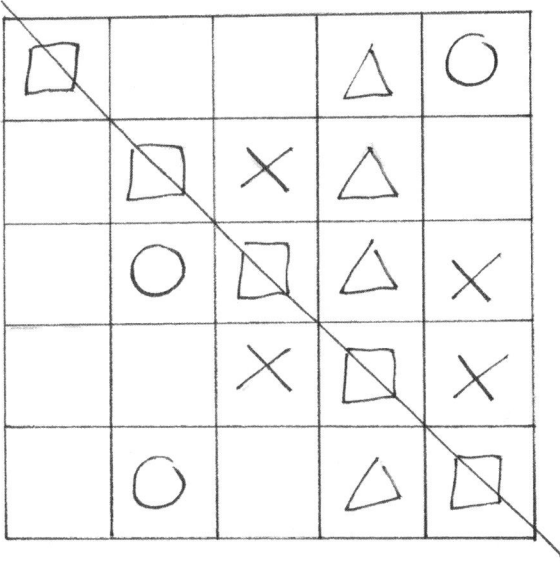

## Fünf auf einen Streich

**Material:** pro Gruppe 1 Spielraster aus kariertem Papier, verschiedenfarbige Stifte
**Alter:** ab 5 Jahren

Die Spielleitung bereitet auf kariertem Papier ein Spielraster mit fünf mal fünf Feldern für jede Spielgruppe vor. Jedes Kind einer Spielgruppe (höchstens vier Kinder) wählt sich eine eigene Stiftfarbe und ein eigenes Zeichen (z. B. rotes Kreuzchen, blaues Dreieck, gelbes Viereck, grüner Kreis, lila Punkt). Pro Runde darf jedes Kind sein Zeichen einmal in das Raster eintragen. Ziel des Spiels ist es, sein Zeichen fünfmal entweder senkrecht, horizontal oder diagonal auf das Spielfeld zu setzen. Bei Erfolg werden die fünf verbundenen Zeichen durch einen Strich auf dem Spielraster kenntlich gemacht. Gewonnen hat das Kind, das die meisten Fünferreihen erspielt hat.

 Suchen und Sammeln, Experimentieren, selbstständiges Entdecken
 soziales Verhalten, Wahrnehmungsfähigkeit, Selbsterfahrungsprozesse, Konzentrationsfähigkeit, Lern- und Intelligenzentwicklung

## Knifflige Tortengarnitur

**Material:** pro Gruppe 1 Kopierpapier, verschiedenfarbige Stifte
**Alter:** ab 5 Jahren

Drei Kinder malen mit Unterstützung der Spielleitung auf ein Zeichenpapier einen Kreis und teilen diesen in neun Tortenstücke ein. Jedes Kind wählt sich eine eigene Stiftfarbe und ein eigenes Zeichen (z. B. rotes Kreuzchen, blaues Dreieck, gelbes Viereck, grüner Kreis, lila Punkt). Pro Spielrunde darf das Kind drei Zeichen auf die Tortenstücke setzen. Bei der Platzierung hat es die freie Wahl, ob es alle Zeichen in ein Tortenstück einträgt oder die Zeichen auf unterschiedliche Tortenstücke verteilt. Das Spiel gewinnt, wer ein oder mehrere Zeichen auf das letzte noch freie Tortenstück malen kann.

 Suchen und Sammeln, Experimentieren, selbstständiges Entdecken
 Wahrnehmungsfähigkeit, Konzentrationsfähigkeit, Lern- und Intelligenzentwicklung, Persönlichkeitsentwicklung

## Parade der Orgelpfeifen

**Material:** Augenbinden
**Alter:** ab 5 Jahren

Die Kinder stehen in der Mitte des Stuhlkreises. Die Spielleitung legt ihnen Augenbinden an, alternativ halten sie sich die Augen zu. Sie erhalten den Auftrag, sich „blind" der Größe entsprechend aufzustellen. Wird es den Kindern gelingen, sich wie die Orgelpfeifen nebeneinander aufzureihen?

Suchen und Sammeln, selbstständiges Entdecken, Darstellen
soziales Verhalten, Wahrnehmungsfähigkeit, Konzentrationsfähigkeit, Lern- und Intelligenzentwicklung

*Kreativ & klug durch Analyse- und Synthesefähigkeit*

## Stau auf der Bank

**Spielort:** Außengelände; evtl. Turnhalle
**Material:** Bank, Schwebebalken oder Mauer
**Alter:** ab 5 Jahren

Zwei Kinder besteigen von unterschiedlichen Seiten eine Bank, einen Balken oder eine schmale Mauer. Ihre Aufgabe besteht darin, auf die andere Seite zu wechseln, ohne dabei runterzufallen. Die Kinder müssen gemeinsam herausfinden, wie sie die Situation am besten meistern. Hierzu ist viel Geschicklichkeit gefragt.

## Variante

Das gleiche Spiel lässt sich unter verschärften Bedingungen in der Turnhalle auf einem **schmalen Schwebebalken** durchführen. Alternativ können zudem **mehrere Kinder** den Balken gleichzeitig betreten. Dadurch wird der Schwierigkeitsgrad ebenfalls erhöht.

**Hinweis:** Der Boden um den Schwebebalken sollte durch Matten abgesichert werden, damit sich die Kinder beim Fallen nicht verletzen können.

 Experimentieren, selbstständiges Entdecken, Erfinden
 Grob- und Feinmotorik, soziales Verhalten, Wahrnehmungsfähigkeit, Konzentrationsfähigkeit, Lern- und Intelligenzentwicklung

## Das gewitzte Nagelbrett

**Spielort:** Werk- oder Konstruktionsraum
**Material:** Holzbrett, Nägel, Hammer, Gardinenringe oder Gummiringe
**Alter:** ab 6 Jahren

Jedes Kind erhält von der Spielleitung ein Holzbrett und zehn Nägel. Diese schlagen die Kinder unter Anleitung der Spielleitung in gleichem Abstand in die Holzbretter.

Um jeden Nagel wird nun ein Ring gelegt. Ziel des Spiels ist es, die Ringe in fünf Schritten paarweise aufeinanderzulegen. Dabei gilt: Pro Spielzug muss der gewählte Ring zwei Nägel mit Ringen überspringen. Dasjenige Kind, das seine Ringe als Erstes zu Zweierpaaren vereint hat, hat das Spiel gewonnen.

 Suchen und Sammeln, Experimentieren, selbstständiges Entdecken, Gestalten
Materialerfahrung, Grob- und Feinmotorik, Wahrnehmungsfähigkeit, Konzentrationsfähigkeit, Lern- und Intelligenzentwicklung

## Streichholztüftelei

*Analyse und Synthese stehen in engem Zusammenhang mit unermüdlichem Ausprobieren, Reflektieren und dem Ziehen von Schlussfolgerungen. Dazu haben Kinder in der nachfolgenden Aktivität ausreichend Möglichkeiten.*

**Material:** 17 Streichhölzer
**Alter:** ab 6 Jahren

Drei Kinder legen siebzehn Streichhölzer nebeneinander auf den Tisch. Jedes Kind darf, wenn es an der Reihe ist, ein, zwei oder drei Hölzchen wegnehmen. Das Kind, das das letzte Streichholz entfernt, gewinnt das Spiel.

 Suchen und Sammeln, Experimentieren, selbstständiges Entdecken
 Wahrnehmungsfähigkeit, Konzentrationsfähigkeit, Lern- und Intelligenzentwicklung

## Sudoku

**Material:** pro Kind 1 quadratisches Zeichenpapier, Schere, Bleistift; evtl. Buntstifte oder Filzstifte
**Alter:** ab 7 Jahren

Jedes Kind erhält ein quadratisches Zeichenpapier, das von der Spielleitung auf die Größe 30 cm × 30 cm zugeschnitten wurde, und teilt es in sechzehn gleich große Felder ein. Vier der sechzehn Felder werden mit den Zahlen eins bis vier nummeriert. Es gilt: In jeder senkrechten und waagerechten Reihe darf nur eine der Zahlen eins bis vier vorkommen. Nach Fertigstellung des Sudokus tauschen sie es mit einem anderen Kind aus und lösen das Sudoku des anderen Kindes. Dabei darf keine Zahl in der Waagerechten und in der Senkrechten mehrfach vorkommen.

## Variante ab 5 Jahren
Die Kinder, die noch keine Zahlen kennen, nutzen statt Zahlen Symbole (z. B. Sonne, Blume Wolke, Baum).

 Suchen und Sammeln, Experimentieren, selbstständiges Entdecken, Erfinden, Gestalten
 Wahrnehmungsfähigkeit, Selbsterfahrungsprozesse, Konzentrationsfähigkeit, Lern- und Intelligenzentwicklung, Persönlichkeitsentwicklung

## Geheimschriftentschlüssler

**Material:** Kopierpapier, Filzstifte
**Alter:** ab 7 Jahren

Die Kinder bilden Paare und schreiben sich gegenseitig einen Brief. Dabei achten sie darauf, dass sie im Text auf alle Vokale (a, e, i, o, u) verzichten. Nach Fertigstellung der Briefe tauschen sie diese aus. Jedes Kind hat nun die Aufgabe, den Brief des anderen Kindes zu entschlüsseln.

 Suchen und Sammeln, Experimentieren, selbstständiges Entdecken, Verändern und Verfremden, Gestalten
 soziales Verhalten, Wahrnehmungsfähigkeit, Konzentrationsfähigkeit, Lern- und Intelligenzentwicklung,

## Wer bin ich?

**Material:** Kopierpapier, Stifte
**Alter:** ab 7 Jahren

Jedes Kind erhält einen Bogen Kopierpapier und einen Stift. Es zieht sich in eine Ecke zurück und schreibt vier Eigenschaften oder Merkmale über sich auf (z. B. „Ich kann gut singen", „Ich habe blondes Haar", „Ich habe rote Turnschuhe an", „Mein Lieblingsspielzeug ist ein Teddy"). Alle Kinder geben ihre Zettel bei der Spielleitung ab. Die Zettel werden nun einzeln und nacheinander von der Spielleitung vorgelesen. Die Kinder raten, um wen es sich bei der jeweiligen Beschreibung handeln könnte.

 Suchen und Sammeln, selbstständiges Entdecken, Verändern und Verfremden
 soziales Verhalten, Wahrnehmungsfähigkeit, Selbsterfahrungsprozesse, Persönlichkeitsentwicklung

# Methodenkoffer Kreativitätsförderung

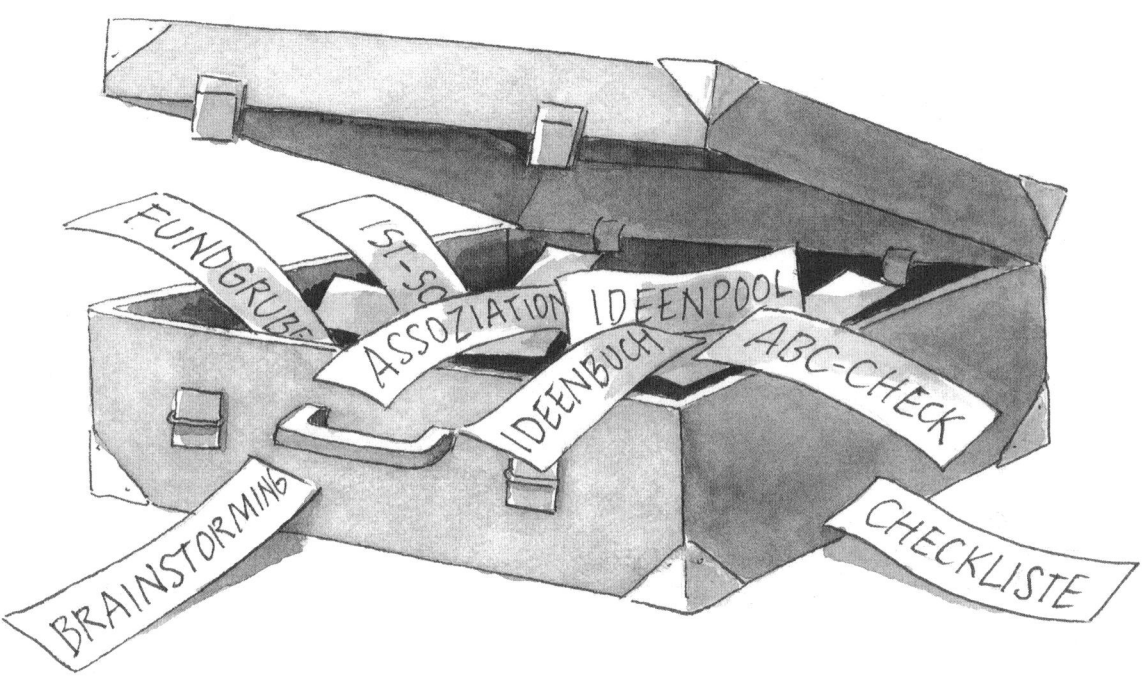

## ABC-Check

**Material**: Stifte, Edding, Papier A4 oder A2

Auch wenn es sich absurd anhört, ein Brainstorming (siehe auch nachfolgende Erklärung zu Brainstorming) zu einem Thema nach der Alphabetmethode ist eine inspirierende und kreativitätsfördernde Technik. Dazu werden die Buchstaben des Alphabets einzeln auf jeweils ein Papier oder gemeinsam untereinander auf einem Plakat aufgeschrieben. Dann werden pro Buchstabe zum Thema passende Ideen gesammelt und aufgelistet.

## Assoziationsstern

**Material**: Stifte, Edding, Papier A4 oder A2

Der Assoziationsstern ist eine Form des Brainstormings (siehe auch nachfolgende Erklärung zu Brainstorming). Auf einem Plakat wird in der Mitte das Thema notiert, zu dem Ideen gesammelt werden sollen. Von dort gehen strahlenförmig Linien ab. Pro Linie wird eine Idee formuliert, ähnlich einer Mindmap.

## Brainstorming

**Material**: z. B. Tafel, Papier A2, Flipchart, Kreide, Stifte, Edding

Brainstorming hilft beim Aufbau eines Ideenpools. Dabei werden in einer Gruppe an einer Tafel, auf einem großen Bogen Papier oder auf einer Flipchart gemeinsam zu einer Fragestellung unterschiedliche Ideen gesammelt. Hierbei gilt: Die Teilnehmer sollen frei assoziieren, jede, auch zunächst noch so absurd erscheinende, Idee wird notiert. Während der Ideensammlung darf keine Kritik geäußert werden. In kürzester Zeit sollen so viele Ideen wie möglich zusammenkommen. Anschließend werden die Ideen nach Kategorien sortiert und auf ihre Brauchbarkeit hin überprüft. Diese Technik lässt sich auch sehr schön gemeinsam mit Kindern umsetzen. Zum Beispiel können Kinder so bei der Auswahl der nächsten Aktivitäten mit einbezogen werden: „Was möchtet ihr denn als Nächstes spielen?" Oder es kann überprüft werden, wie viel die Kinder bereits über ein bestimmtes Thema wissen.

## Brainstorming paradox

**Material**: z. B. Tafel, Papier A2, Flipchart, Kreide, Stifte, Edding

Beim Brainstorming paradox wird das klassische Brainstorming einfach umgedreht. Statt Ideen zu sammeln, wie etwas erreicht werden kann, wird formuliert, wie ein Ziel garantiert nicht erreicht werden kann. Indem sich die Teilnehmer klar werden, was sie nicht wollen, können dann in einem zweiten Arbeitsschritt daraus Ziele entwickelt werden, die zu einem gewünschten Ergebnis führen. Diese Methode eignet sich z. B., um mit Kindern Gruppenregeln aufzustellen: „Wir möchten keine dreckigen Pinsel. – Wir müssen die Pinsel direkt auswaschen."

## Checkliste nach Davis und Roweton

**Material:** Papier A4 oder A2, Stifte, Edding

Die Checkliste nach Davis und Roweton eignet sich besonders gut zur Überwindung von Kreativitätsblockaden. Sie zielt darauf ab, eingefahrene Verhaltensweisen zu durchbrechen, um neue kreative Impulse zu erhalten. Gemeinsam werden folgende Möglichkeiten ausprobiert:
- Füge etwas hinzu oder ziehe etwas ab!
- Verändere die Farbe!
- Variiere die Materialien!
- Arrangiere die Teile neu zueinander!
- Verändere die Gestalt!
- Verändere die Größe!
- Verändere den Aufbau oder den Stil!

Beim Ausprobieren können so neue kreative Wege gefunden werden, um mit verschiedenen Materialien und Gegenständen umzugehen.

**Beispiel für die Anwendung der Methode mit Kindern:** Gestaltung eines Geburtstagsstuhles

## Checkliste nach Osborne

**Material:** Papier A4 oder A2, Stifte, Edding

Die Checkliste nach Osborne eignet sich vor allem dazu, eingefahrene Muster zu überwinden, und hilft so dabei, Kreativitätsblockaden aufzulösen. Zu diesem Zweck werden in der Gruppe folgende Fragen bearbeitet:
- Können Dinge anders verwendet werden als bisher?
- Können Dinge verändert werden?
- Können Dinge vergrößert oder hinzugefügt werden?

- Können Dinge verkleinert oder weggenommen werden?
- Können Dinge ausgetauscht oder ersetzt werden?
- Können Dinge umgekehrt oder neu angeordnet werden?
- Können Dinge miteinander kombiniert werden?
- Können Dinge transformiert werden?

Durch die Beantwortung jeder einzelnen Frage erhält das Arbeitsteam mindestens eine mögliche Lösung für ihr Problem.

**Beispiel für die Anwendung der Methode mit Kindern:** Projekt „Attraktivitätssteigerung des Rollenspielraumes"

# Fundgrube für Spiel- und Arbeitsmaterial

Die Restposten vieler Läden und Firmen stellen eine Fundgrube für kreative Spiel- und Arbeitsmaterialien dar. Hier finden sich die unterschiedlichsten Gegenstände und Materialien, die für das kreative Gestalten mit Kindern genutzt werden können. Deshalb immer nach Restbeständen, Abfällen, ausrangierten Mustermaterialien fragen, dann können enorme Kosten gespart werden. Folgende Ansprechpartner können kontaktiert werden:

- **Bauunternehmen/Baumärkte:** Holz, Fliesen, Linoleum, Ytong, Rohre, Kabel, Gips, Draht, Schrauben, Nägel, Hammer, Schraubenzieher
- **Elektrofirmen:** Kabel, Kabelrollen, Glühbirnen
- **Fliesenfachgeschäfte:** Fliesen
- **Installateure:** Rohre
- **Papierfabriken:** Papierverschnitt, Pappe, beschädigte Papierbögen, Papier auf Rollen
- **Schrottplätze:** Uhren, Radios, Ventilatoren, Bügeleisen, Toaster
- **Supermärkte/Großmärkte/Warenhäuser:** Kartons, Verpackungsmaterialien, Kleiderbügel, Folien, Obstkisten
- **Teppichhandel:** Musterstücke, Teppichfliesen
- **Kurzwarenläden:** Wolle, Knöpfe, Stoffe, Garn
- **Maler:** Farben, Farbpigmente, dicke Pinsel, Farbrollen

# Gegenüberstellung Vor- und Nachteile

**Material:** Papier A4 oder A2, Stifte

Die Gegenüberstellung von Vor- und Nachteilen bestimmter Ideen ist eine schöne Möglichkeit, um die Brauchbarkeit von Ideen für ein bestimmtes Problem zu überprüfen. Dazu werden jeweils zwei Listen geführt. Auf die eine Liste notieren die Beteiligten die Vorteile, auf die andere die Nachteile einer Idee. Welche Argumente überwiegen?

**Beispiel für die Anwendung der Methode mit Erwachsenen:** Fragestellung „Arbeit mit Vorlagen – freies Arbeiten":
Bei welcher der beiden Methoden erwerben die Kinder mehr Kreativität, mehr Fantasie und mehr Wissen? Was spricht für das Arbeiten nach Vorlage und was spricht dagegen? Was spricht für freies Arbeiten und was spricht dagegen?

## Gestaltungsvielfalt gewährleisten

Gestaltungsvielfalt zu gewährleisten, beinhaltet nicht, dass die Kinder jederzeit alle Materialien zur Verfügung haben müssen. Vergleichen Sie dazu auch nachfolgend die methodisch-didaktische Reduktion. Vielmehr sollten Materialien auf dem Bastel- oder Maltisch des Öfteren ausgetauscht werden, damit mit den verschiedenen Materialien auch unterschiedliche Gestaltungstechniken ausprobiert werden können (z. B. wöchentlicher Austausch):

- Gestalten mit Pappe und Papier
- Drucken
- Malen mit Temperafarbe
- Malen auf einer großen Leinwand
- Arbeiten mit Ton
- Arbeiten mit Gips
- Reliefarbeiten aus Ton, Knete und Gips
- Arbeiten mit Draht und Papier
- Arbeiten mit Pappmaché
- Papierschöpfen
- Skulpturen bauen
- Farbexperimente usw.

## Ideen sind frei

Diese nachfolgenden Regeln gelten sowohl für die Arbeit im Team als auch für die Arbeit mit den Kindern:

- Jede Idee, ganz gleich wie verrückt sie erscheint, sollte zunächst vorurteilsfrei akzeptiert und notiert werden, denn nur so können neue Visionen entstehen.
- Jede Idee muss die Möglichkeit haben, sich zu entwickeln und zu entfalten. Ideen dürfen daher nicht sofort abgelehnt werden, wenn nicht gleich ersichtlich ist, wofür sie gebraucht werden können. Manchmal ist es gut, im wahrsten Sinne des Wortes „erst einmal eine Nacht darüber zu schlafen". Entweder verflüchtigt sich die Idee dann oder es entstehen neue Assoziationen.
- Die kritische Überprüfung der Idee ist gewünscht, denn aus der Kritik können Verbesserungsvorschläge entstehen.
- Ideen müssen verteidigt und selbstbewusst nach außen vertreten werden.

## Ideenpool

**Material:** Papier A4, Stifte, Kiste

Beim Ideenpool schreibt jedes Gruppenmitglied seine Ideen zu einem bestimmten Thema auf einen Zettel. Fällt ihm nichts mehr ein, legt es seinen Zettel in eine Kiste, die in der Mitte des Tisches steht. Anschließend nimmt es einen Zettel eines anderen Gruppenmitglieds aus der Kiste heraus, nutzt dessen Idee als gedankliche Anregung und ergänzt eigene Vorschläge. Es werden so lange Ideen gesammelt, bis niemandem mehr etwas einfällt. Danach werden die Zettel aufgehängt und ausgewertet.

## Ideenkette

**Material:** Papier A4, Stifte

Die Gruppe sitzt im Kreis. Jedes Gruppenmitglied notiert seine Idee auf einem Zettel und gibt diesen im Uhrzeigersinn an das nächste Gruppenmitglied weiter. Dieses liest den Vorschlag, knickt den Zettel nach hinten ab und schreibt eine Erweiterung des Gedankens darauf. Dann wird der Zettel an das nächste Gruppenmitglied weitergereicht. Die Ideenkette endet, sobald die Zettel wieder an ihrem Ausgangspunkt angekommen sind. Jetzt können die gedanklichen Assoziationen der einzelnen Gruppenmitglieder ausgewertet werden.

## Ideenbuch – Ideenwand

Ideen kommen oft spontan und nicht immer dann, wenn konkret nach ihnen gesucht wird. Auf diese Art und Weise gehen viele gute Ideen verloren. Deshalb sollte in keiner Einrichtung eine Ideenwand oder ein Ideenbuch fehlen. Dort können Ideen eingetragen werden, die einem Kind oder einem Betreuer zwischendurch einfallen. Auf diesen Ideenpool kann die Gruppe dann immer wieder zurückgreifen. Beides – Ideenwand oder Ideenbuch – sollte für alle gut zugänglich sein.

## Ideenfluss

**Material:** Papier A2 und A4, Edding, Stifte, Klebeband

Ein Thema, zu dem Ideen gesammelt werden sollen, wird deutlich auf ein Plakat geschrieben. Die Gruppenmitglieder sitzen in einem Kreis. Jedes Gruppenmitglied notiert nun seine Ideen zum Thema auf einem eigenen Zettel. Dann wird der Zettel im Uhrzeigersinn zwei Plätze weitergereicht. Alle Gruppenmitglieder reagieren nun auf die ihnen vorliegenden Ideen mit Ergänzungen, neuen Aspekten oder machen kritische Anmerkungen. Nach ein paar Minuten wird der Zettel erneut zwei Plätze weitergereicht, solange bis die Zettel wieder bei der Ausgangsperson angekommen sind. Alle lesen nun ihre Zettel vor und heften diese anschließend auf das Plakat. Dann werden die Ideen ausgewertet.

## Ist-Soll-Analyse

Soll in der Einrichtung oder im Arbeitsablauf etwas verändert werden, ist es nützlich, im Team zunächst eine Ist-Soll-Analyse vorzunehmen. Dazu gehen die Teammitglieder folgendermaßen vor:
1. Schritt: Ist-Zustand prüfen
2. Schritt: Soll-Zustand festlegen
3. Schritt: Maßnahmen festlegen, wie der Soll-Zustand erreicht werden kann (zum Sammeln der Maßnahmen eignen sich der Assoziationsstern [siehe auch S. 99] oder das klassische Brainstorming [siehe auch S. 100]).

## Kreative Einstiege für Diskussionen

Ein kreativer Einstieg in Diskussionen motiviert vor allem Kinder, sich aktiv zu beteiligen:
- Dinge unter einem Tuch verstecken.
- Dinge in einen Koffer packen.
- Dinge verpacken, die von den Kindern wieder ausgepackt werden müssen.
- Sich verkleiden und in eine zum Thema passende Rolle schlüpfen.
- Eine dem Thema entsprechende Raumdekoration vornehmen.
- Handpuppe nutzen, um mit Kindern ins Gespräch zu kommen.
- Thematisch passende Einstiegsrituale verwenden.

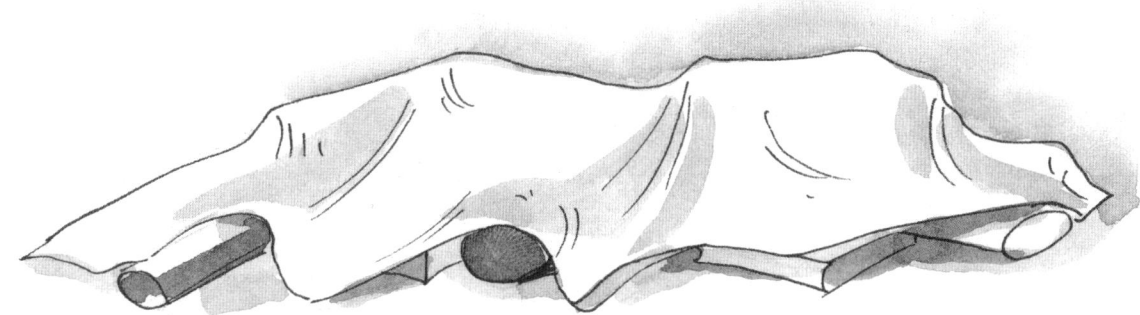

## Kreativitätsfundus

Kreativ ist der, der sich durch das inspirieren lässt, was an Materialien vorhanden ist. Doch es muss sich dabei nicht immer um gekaufte Materialien handeln, gerade selbst zusammengetragene Materialien haben oft einen besonderen Aufforderungscharakter, sich kreativ zu betätigen. Die meisten Institutionen klagen zudem über zu wenig finanzielle Mittel, sodass sich eine ausgeprägte Sammelleidenschaft auch günstig auf das Portemonnaie auswirkt. Die Materialien „liegen größtenteils auf der Straße" und können in verschiedenen Kisten aufbewahrt werden, z. B. Papprollen, Zeitschriften, Joghurtbecher, Naturmaterialien, Knöpfe, Stoffreste, Papierreste, Korken, Filmdosen, Kleider, Schuhe, Hüte, Make-up-Reste, Hölzchen und Stöckchen, Plastikflaschen, Bänder, Wollreste, Kleiderbügel, Holzreste, Perlen, Federn, abgetragener Modeschmuck, Glitzerkram und sonstiger Krimskrams.

## Mach Winziges groß und Riesiges klein!

Eine Möglichkeit, in der eigenen Arbeit kreativ zu sein, besteht darin, Gegenstände oder Mengen zu vergrößern oder zu verkleinern. Hier einige Beispiele für die Realisierung:
- Pinsel an einen langen Holzstab binden und die Kinder damit malen lassen.
- Statt Zeichenpapier im Format A4 zu bemalen, kann auch eine Riesenmalfläche mithilfe von Tapetenbahnen hergestellt werden oder es wird den Kindern zum Malen eine große Leinwand zur Verfügung gestellt.
- Statt eines Schuhkartons eine Streichholzschachtel zum Arbeiten wählen oder umgekehrt.
- Statt einer Küchentuchrolle eine Pappteppichröhre verwenden.
- Mehrere Stifte mit einem Klebeband zu einem mehrfarbigen Stift zusammenbinden.

- Statt Einzelbilder zu malen, ein Gruppenbild malen.
- Statt viele Materialien anzubieten, die Materialien auf ein oder zwei reduzieren.
- Statt kleine Farbtöpfe den Kindern große Farbeimer zur Verfügung stellen.

## Metaphern suchen

**Material:** Papier A4 oder A2, Stifte

Durch Metaphern können Sachverhalte bildlich ausgedrückt werden. Gerade bei der Arbeit mit Kindern – aber auch für Erwachsene – können sie hilfreich sein, da sich Personen so besser in Themen hineinversetzen können: Welche Bilder fallen uns ein,
- wenn wir an ein gelungenes Sommerfest denken,
- wenn wir an einen gelungen Elternabend denken,
- wenn wir an einen schönen Gruppenraum denken,
- wenn wir an einen gelungen Kindergeburtstag denken?

Gemeinsam oder getrennt voneinander notieren die Gruppenmitglieder ihre Ideen auf einem Plakat oder einem eigenen Zettel.

## Methode 635

**Material:** Papier, Stifte

Der Name 635 geht auf den kreativen Entwicklungsprozess der Methode zurück. Dabei sollen sechs Teilnehmer eines kreativen Prozesses jeweils drei Lösungsvorschläge machen, welche dann von den jeweils fünf anderen Teilnehmern aufgegriffen werden, um sich zu neuen Ideen inspirieren zu lassen. Dabei behilflich ist ein Formular von sechs mal drei Kästchen, sodass jede Person je drei Kästchen für eigene Ideen zur Verfügung hat. Dann kann es losgehen. Jede Person schreibt drei Ideen nebeneinander in die dafür vorgesehenen Kästchen. Diese dienen als Ausgangspunkt für den kreativen Prozess. Dann reicht sie ihr Blatt im Uhrzeigersinn weiter. Der Nächste lässt sich von den bereits gemachten Ideen auf dem Blatt inspirieren und schreibt drei Ideen in seine drei darunter liegenden Kästchen und reicht sein Blatt anschließend erneut nach links weiter. Das Formular rotiert einmal in der Runde, bevor die Ideen ausgewertet werden. An der Auswertung beteiligen sich nur die letzten fünf Personen. Anschließend werden alle für gut befundenen Ideen auf einer Liste zusammengetragen. Diese Methode veranlasst jedes noch so schweigsame Teammitglied zur Äußerung seiner Ideen.

**Beispiel für die Anwendung der Methode mit Erwachsenen:** Durch welche Aktivitäten sollen die Eltern beim Sommerfest über unsere Arbeit informiert werden?

## Methodisch-didaktische Reduktion

Im Zuge der methodisch-didaktischen Reduktion werden Sachverhalte systematisch auf ihren Kern reduziert. Dies hat den Vorteil, dass Lerninhalte weniger komplex und somit durchschaubarer für die Kinder werden. Gleichermaßen können in Spielen und Übungen auch die zum Einsatz kommenden Materialien so reduziert werden, dass die Kinder bei der Lösung eines Problems besonders kreativ vorgehen müssen, z. B. werden Kinder beim Kochen immer dann besonders kreativ, wenn ihnen nicht so viele Zutaten zur Verfügung stehen. Denn dann müssen sie schon genau überlegen, wie sie aus dem Wenigen ein leckeres Gericht zaubern können. Das gleiche gilt beim Basteln, Malen oder Gestalten: Je weniger Materialien die Kinder erhalten, desto kreativer müssen sie sich mit ihnen auseinandersetzen.

## Mindmap

**Material:** Papier, Stift

Bei einer Mindmap handelt es sich um eine Visualisierungstechnik, in der zu einem übergeordneten Thema Ideen gesammelt werden, die dabei gleichzeitig übersichtlich sortiert werden. Dazu wird auf die Mitte eines Blatt Papiers das Thema notiert. Nun wird nach zugehörigen Begriffen gesucht, die mit der Ausgangsidee in Zusammenhang stehen. Diese werden auf dem Blatt ergänzt und mit Ästen mit der Ausgangsidee verbunden. Nach und nach entsteht so eine „Gedankenlandkarte", in der über- und untergeordnete Ideen in übersichtlicher Form visualisiert werden.

Mindmaps eignen sich besonders für die Umsetzung von Projekten – gerade auch mit Kindern. Gemeinsam können so z. B. Ideen zu einem Projektthema gesammelt werden: Was sie sich darunter vorstellen und was sie gerne innerhalb dieses Projektes realisieren möchten.

## Persönliche und Team-Mindmaps

**Material**: Papier, Stifte

Um den Kindern in der Einrichtung fortwährend kreativen Input geben zu können, sollte jeder einzelne im Team, aber auch das Team als Ganzes von Zeit zu Zeit persönliche bzw. Team-Mindmaps erstellen, in denen er oder das Team sich über folgende Fragen Gedanken macht:
- Wie kann/können ich/wir meine/unsere Ideen realisieren?
- Wie kann/können ich/wir mehr Kreativität in den Alltag integrieren?
- Welche kreativen Ausdrucksmöglichkeiten gibt es?
- Was fördert meine/unsere Kreativität und die Kreativität der Kinder?

Im Anschluss daran kann eine Fokussierung auf bestimmte Aspekte der Kreativitätsförderung vorgenommen werden: Was will ich/was wollen wir zukünftig intensivieren und in den Mittelpunkt stellen?

## Realgegenstände als kreativer Input

Kinder finden es häufig viel interessanter, in ihren Spielen reale Gegenstände aus dem (Berufs-)Alltag zu verwenden, als mit nachempfundenem Plastikspielzeug zu spielen. Es lohnt sich daher, diese Gegenstände beim plastischen und kreativen Gestalten oder auch in Rollenspielen einzusetzen. Um einen entsprechenden Fundus für solche Gegenstände einzurichten, sollte vorab überlegt werden, welche Materialien und Gegenstände im Spiel zum Einsatz kommen könnten, z.B. beim Spielen eines Arztes, Naturforschers, Schuhverkäufers, Schneiders, Wissenschaftlers, Briefträgers, Büroangestellten, Detektivs, Feuerwehrmanns. Durch Kontaktaufnahme mit unterschiedlichen Berufsverbänden oder private Kontakte zu verschiedenen Berufsgruppen können unter Umständen ausgemusterte Geräte und Werkzeuge zum Spielen zur Verfügung gestellt werden.

**Beispiel Friseur:** Bürsten, Kämme, Haarnadeln, Haarnetze, defekter Föhn, Handtücher, leere Shampooflaschen, Lockenwickler, Haarspangen, Friseurumhänge, Spiegel, Zeitschriften

## Reizwortanalyse

**Material:** Lexikon oder andere Bücher

Die Reizwortanalyse ist eine Assoziationstechnik, bei der ein zufällig ausgewähltes Wort als Ausgangspunkt für neue Ideen zu einem bestimmten Thema verwendet wird. Die Auswahl der Worte geschieht dadurch, dass ein Lexikon oder ein Buch an einer willkürlichen Stelle aufgeschlagen und mit dem Finger auf ein beliebiges Wort gezeigt wird.

**Beispiel Kunstprojekt: „Der Finger tippt zufällig auf den Begriff Kuh"**
Was hat eine Kuh mit Kunst zu tun? Gab es Maler, die Kühe gemalt haben? Wie haben diese Maler die Kühe gestaltet? Die Kinder besuchen Kühe auf dem Bauernhof und malen sie vor Ort. Wurden in der Kunst auch andere Tiere gemalt? Gab es Maler, die nur Tiere gemalt haben? Die Kinder können z.B. auch ihr Lieblingstier malen. Dazu würde sich auch ein Zoobesuch anbieten usw.

## Sieben Schritte zum Ziel

Für die Planung eines Projekts können folgende sieben Schritte weiterhelfen, um das Ziel des Projekts zu erreichen:

1. **Orientierungsphase:**
   Klärung: Für was, warum, wozu, für wen ist das Projekt gut? Inhalt des Projekts umreißen.
   Methode: z. B. **Brainstorming**
2. **Zieldarstellung:**
   Klärung: Was ist das Ziel des Projekts? Ziele des Projekts umreißen.
   Methode: z. B. **Zielkaskade**
3. **Möglichkeiten der Zielerreichung:**
   Zusammentragen und Vergleich verschiedener Möglichkeiten der Zielerreichung sowie Auswahl einer geeigneten Vorgehensweise.
   Methoden: z. B. **Checkliste nach Osborne, Checkliste nach Davis und Roweton sowie die Methode 635**
4. **Planungsphase:**
   Hier sollten die einzelnen inhaltlichen und zeitlichen Schritte des Projekts festgelegt werden.
   Methode: z. B. **Mindmap**
5. **Realisierungsphase:**
   Das Projekt wird durchgeführt. In dieser Phase hat Kreativität nur noch am Rande einen Platz, denn das Gerüst des Projekts steht. Es geht um die reine Umsetzung der Ideen. Falls jedoch Probleme im Ablauf oder bei der Realisierung auftauchen, muss auf diese kreativ reagiert werden können.
6. **Auswertung des Projekts:**
   Es wird analysiert, ob das Ziel, das gesetzt worden ist, erreicht wurde.
7. **Transfer in die Praxis:**
   Nun gilt es, Ergebnisse des Projekts auf andere Bereiche zu übertragen.

## Teamarbeit

Teamarbeit bereichert die Arbeit, denn viele Menschen haben auch viele Ideen und Gedanken, auf die ein einzelner in dieser Masse nicht allein kommen könnte. Zudem führt die Diskussion im Team zu bestimmten Themen oder Sachverhalten dazu, dass diese aus unterschiedlichen Blickwinkeln beleuchtet werden können. In der Teamarbeit bietet es sich je nach Gruppengröße zudem an, Einzelaufgaben an Kleingruppen zu verteilen, damit die wichtigsten Aspekte eines Themas intensiver bearbeitet werden können und die Arbeitsbelastung im Team gering gehalten wird.

**Beispiel für die Anwendung: Projekt „Wir lernen Picasso kennen"**

1. Team: Organisation eines Museumsbesuchs und Betrachtung eines original Picassos
2. Team: Organisation eines Atelierbesuchs bei einem Künstler – Betrachtung seiner Werke
3. Team: Entwicklung einer Lerneinheit zum Kubismus im Zusammenhang mit Picasso
4. Team: Entwicklung von Angeboten zu künstlerischen Techniken in Anlehnung an Picasso
5. Team: Vorbereitung einer eigenen Ausstellung

## Tu mal was Anderes!

Wir alle fühlen uns wohl in einem geordneten Alltagsleben. Alles läuft in geordneten Bahnen. Es entsteht Routine. Routine bedeutet aber gleichzeitig auch Stillstand, wenn der Alltag nicht immer wieder durch neue Ideen bereichert wird. Routine kann daher schnell zum Kreativitätskiller mutieren und Langeweile und Eintönigkeit erzeugen.

Deswegen ist es wichtig, immer mal wieder aus der Routine auszubrechen und Dinge anders zu machen. Das kann schon im Kleinen anfangen: einen anderen Weg zur Arbeit fahren, eine andere Zeitung als üblich kaufen, andere Lebensmittel ausprobieren, Veranstaltungen besuchen, die normalerweise nicht zum Programm gehören. Diese Offenheit zahlt sich dadurch aus, dass neue Inspirationen und Perspektiven entstehen.

Für die Arbeit mit Kindern bedeutet das: Offenheit für neue Themen und Aktivitäten, Verwendung anderer Materialien als üblich oder das Ausprobieren neuer Methoden in der Arbeit mit den Kindern, z. B. das Stationenlernen oder das Lernbuffet. Ebenso können in Kooperation mit anderen Einrichtungen oder Kindergärten Aktivitäten geplant werden (z. B. Wanderungen im Wald, Besuch von Museen und Theatern).

## Vorbilder für Organisationsentwicklung

Die Arbeit, der pädagogische Ansatz oder die Einrichtung sollen verändert oder weiterentwickelt werden. In diesem Fall ist es ratsam, sich in anderen Einrichtungen über verschiedene Entwicklungsmöglichkeiten zu informieren. Dabei lohnt es sich, auch über die eigenen regionalen Grenzen hinaus – z. B. im Ausland – nach Einrichtungen zu suchen, die kreative Konzepte verfolgen. Vielleicht ist es möglich, einzelne Einrichtungen im Zuge eines Betriebsausflugs zu besuchen, oder es gibt Bücher, Broschüren, Zeitschriften und Informationen im Internet zu verschiedenen Konzepten in Einrichtungen. Je mehr Gesichtspunkte zu einem Thema zusammengetragen werden, desto bereichernder für die eigene Einrichtung.

## Zettelbrainstorming

**Material:** Zettel, Stifte, Klebeband oder Magnete, Whiteboard oder Magnetboard

Beim Zettelbrainstorming schreibt jeder die Ideen nicht wie beim klassischen Brainstorming (siehe auch Seite 100) auf eine Tafel, ein Flipchart oder auf einen großen Bogen Papier, sondern die Erwachsenen oder die Kinder schreiben ihre Ideen und Gedanken einzeln auf Zettel, die dann später mit Klebeband oder Magneten an einem Whiteboard oder einem Magnetboard befestigt werden können. Dies hat den Vorteil, dass Ideen auch wieder entfernt oder andere ergänzt werden können und auch eine Umsortierung stattfinden kann usw. Dadurch ist eine Konzentration auf die wichtigsten Ideen möglich.

## Zielkaskade

Bei der Planung eines Projekts kann eine Zielkaskade behilflich sein:
- Formulierung einer Vision – z. B. harmonischeres Zusammenleben in der Gruppe.
- Formulierung von Kernzielen zur Umsetzung – z. B. Verbesserung der sozialen Kompetenz
- Formulierung der operativen Ziele – z. B. Stärkung der Gruppe durch ein gemeinsames Projekt
- Formulierung der konkreten Maßnahmen zur Umsetzung der operativen Ziele – z. B. Rollenspiel zum Thema Streitschlichtung

Um die Ziele nicht aus den Augen zu verlieren, sollte eine Zeitschiene erstellt werden, in der die konkreten Maßnahmen zur Zielerreichung eingetragen werden. Die Umsetzung der Maßnahmen zu den operativen Zielen beansprucht dabei die meiste Zeit.

# Anhang

## Register

| | |
|---|---|
| 10-Sekunden-Stimmungs-Konzerte ......... 18 | |
| **A**nagramm .......................... 49 | |
| Argumentestuhl ...................... 75 | |
| **B**alancieren mit dem Stab .............. 91 | |
| Bau eine Höhle! ...................... 34 | |
| Bewegungspantomime ... 26 | |
| Bierdeckeltanz ....................... 22 | |
| Bilderassoziationen ................... 28 | |
| Bilder legen ......................... 35 | |
| Bilder verklanglichen ................. 62 | |
| Bilder würfeln ....................... 65 | |
| Bildgeschichten ...................... 87 | |
| Bildpuzzle .......................... 66 | |
| **D**as gewitzte Nagelbrett .............. 97 | |
| Das Märchenknäuel .................. 39 | |
| Das Wortfolge-Malspiel ............... 31 | |
| Deine Hand = meine Hand ............ 78 | |
| Den anderen spiegeln ................. 15 | |
| Der Magnet ......................... 24 | |
| Der Menschenstuhl .................. 23 | |
| Der Roboter ......................... 24 | |
| Der verrückte Reifenwechsel ........... 21 | |
| Die einhändige Mahlzeit .............. 38 | |
| **E**igenlob stinkt nicht! ................. 59 | |
| Eigenschaften-Sammler ............... 59 | |
| Einsame Insel ....................... 20 | |
| Ergänzungsbilder .................... 56 | |
| Ergänzungscollage ................... 94 | |
| Erinnerungsbox ..................... 52 | |
| Erzählrunde ........................ 80 | |
| Erzählthron ........................ 85 | |
| Es war einmal ... .................... 86 | |
| Expertengespräche ................... 84 | |
| **F**arben, Klänge, Düfte bewegen! ......... 62 | |
| Fehlerbilder ........................ 92 | |
| Flüsternd streiten .................... 78 | |
| Formenassoziationen ................. 29 | |
| Fünf auf einen Streich ................ 95 | |

| | |
|---|---|
| **G**efühlsskulpturen ..................... 19 | |
| Gegenstände erzählen Geschichten ......... 83 | |
| Geheimschriftentschlüssler ............... 98 | |
| Gemeinsam ein Bild malen ............... 21 | |
| Geschichten-Scribble ..................... 87 | |
| Geschichten & Gedichte malen ........... 43 | |
| Geschmackslabor ...................... 15 | |
| Gesichtsmosaik ........................ 55 | |
| Gespiegelte Bilder ..................... 75 | |
| Gipsorakel ............................ 28 | |
| Gruppenmaskottchen ................... 23 | |
| Gruppenregeln ........................ 22 | |
| Gummibärchenorakelbilder .............. 42 | |
| Gummitwist mit Stiften ................. 74 | |
| **H**andreflexion ....................... 84 | |
| Hindernislauf mit Handicap ............ 90 | |
| Hörbilder ........................... 67 | |
| Hörmikado ......................... 14 | |
| **I**ch-Ausstellung ...................... 52 | |
| Ich kann – ich bin ................... 57 | |
| Ich-Kolumne ....................... 58 | |
| Ich wär' so gerne ... ................. 57 | |
| Ideenfries .......................... 44 | |
| **J**edem eine Farbe ..................... 72 | |
| Jeder Vorschlag zählt ................. 81 | |
| **K**aiser, Kaiser mit welchen Farben darf ich malen? ..................... 42 | |
| Kinder-Backgammon ................. 95 | |
| Klecksorakel ........................ 27 | |
| Knick in der Optik ................... 13 | |
| Knifflige Tortengarnitur .............. 96 | |
| Konfliktrollenspiel ................... 77 | |
| Kopfstand-Zeichnungen .............. 70 | |
| Kugellagergespräche ................. 83 | |
| **L**ass mich Deine Hand führen! ......... 73 | |
| Laute und leise Bilder ................ 17 | |
| Leinwandbild ....................... 69 | |
| Linien ohne Punkt und Komma ........ 37 | |
| Luftballonwurm ..................... 23 | |

| | |
|---|---|
| Mag-ich-mag-ich-nicht-Collage | 54 |
| Malen eines Selbstporträts | 51 |
| Malen mit dem Riesenpinsel | 37 |
| Malen mit der Doppelhand | 74 |
| Malen mit der ungeübten Hand | 38 |
| Malen ohne Leinwand | 34 |
| Mal-Kooperationen | 73 |
| Marmorkuchenträumer und Wolkengucker | 27 |
| Meine Lieblingsfarben | 58 |
| Mensch ärgere Dich nicht – paradox | 65 |
| Motiv-Pantomime | 64 |
| Musikkleckse | 32 |
| Mut-Sammler | 82 |
| | |
| Papierskulpturen | 69 |
| Parade der Orgelpfeifen | 96 |
| Paradoxes Malen | 39 |
| Persönliche Urkunde | 81 |
| Perspektivwechsel | 16 |
| Pinselkampf | 76 |
| Pinsel mal anders | 63 |
| Plakatvisionen | 85 |
| Problemanalyse | 91 |
| Punktebilder | 32 |
| Puppentheater aus dem Koffer | 47 |
| | |
| Raumwelten | 13 |
| Redestein, Redehut, … | 82 |
| Reimrunde | 88 |
| Rückenrennbahn | 12 |
| | |
| Scharade | 92 |
| Schattenboxen | 72 |
| Schattenporträt | 54 |
| Scherbenbilder | 67 |
| Schlangenfries | 64 |
| Schlossarchitekten | 94 |
| Schnupperbar | 16 |
| Schriftloser Brief | 40 |
| Sechser im Lotto | 45 |
| Skulpturen-Rätsel | 30 |
| Skurriles Orchester | 61 |
| So-tun-als-ob | 36 |
| Spitznamengenerator | 53 |
| Spontane Kubisten | 44 |
| Spontanes Gestalten mit Papier, Farbe, Stoff | 43 |
| Sprechen ohne Worte | 38 |
| Stau auf der Bank | 97 |
| Stegreiftheater mit ABC-Sätzen | 47 |
| Stegreiftheater – Spielanregungen | 48 |
| Stellt Euch vor … | 40 |
| Stimmungspantomime | 19 |
| Stock-Pantomime | 31 |
| Stopp: Beschreibe Dich | 57 |
| Stoppuhrgespräche | 78 |
| Streichholztüftelei | 97 |
| Strukturcollage | 30 |
| Sudoku | 98 |
| | |
| Tangram | 90 |
| Theater aus der Truhe | 46 |
| Tonorakel | 31 |
| | |
| Unterhaltung aus dem Stegreif | 46 |
| Umrissbild | 51 |
| | |
| Wechselbilder | 44 |
| Wenn ich froh bin, mach ich so | 52 |
| Wer bin ich? | 98 |
| Wir sind die Murmelrollbahn | 20 |
| Wir stellen uns vor, wir sind … | 26 |
| Worttausch | 64 |
| Wozu gehören die Linien? | 93 |

# Literatur

Baer, Ulrich: Kreativität für alle. Fantasieanregende Ideen für die pädagogische Arbeit. Seelze/Velber 2001.

Besser-Siegmund, Cora: Entdecken Sie ihre Kreativität. NLP – Das Psycho-Power-Programm. Hamburg 1997.

Birkenbihl, Vera: Stroh im Kopf. Gebrauchsanweisung fürs Gehirn. Speyer 1994.

Braun, Daniela: Handbuch Kreativitätsförderung. Theorie und Praxis für die Arbeit mit Kindern. Freiburg 1999.

Braun, Daniela: Mehr als eine schöne Zutat: Kreativ-künstlerisches Gestalten mit Kindern. In: Kindergarten heute 08/2007, S. 28–38.

Geilen, Hedwig/Bahnen, Heinrich-K.: Kreativ mit allen Sinnen. Ganzheitliche Methoden für die Gruppenarbeit mit Kindern und Erwachsenen. München 2004.

Girard, Frank (Hrsg.): Denkspiele für Kinder. Mega-Spaß mit WEISST DU DAS? Köln 1999.

Goleman, Daniel/Kaufmann, Paul/Ray, Michael: Kreativität entdecken. München 1999.

Kellner, Hedwig: Die besten Kreativitätstechniken in 7 Tagen. Wofür man sie braucht. Was sie bringen. Wie man sie anwendet. Landsberg am Lech 1999.

Kleinschmidt, Horst: Phantasie will geplant sein. In: Kindergarten heute 11-12/1996, S. 29-38.

Liebertz, Charmaine: Das Schatzbuch ganzheitlichen Lernens. Grundlagen, Methoden und Spiele für eine zukunftsweisende Erziehung. München 1999.

Mößner, Barbara/Pfister, Heike/Pfeffer, Simone: Wunderfitz – Das große Förderbuch. Emotionale und soziale Kompetenz – Kreativität. Freiburg 2008.

Pareigis, Johanna: Wie viel Bildung steckt in einem Knopf? In: Betrifft Kinder 06-07/2008, S. 18-23.

Seitz, Rudolf: Phantasie & Kreativität. Ein Spiel-, Nachdenk- und Anregungsbuch. München 1998.

Siewert, Horst H.: Kreativtests souverän meistern. Landsberg am Lech 2000.

Wierz, Jakobine: Kreative Mal- und Zeichenspiele. Münster 2008.

## Die Autorin

**Jakobine Wierz** hat Kunstgeschichte, Bildende Kunst und Katholische Theologie studiert und ist Diplom-Pädagogin. Sie arbeitet in Trier an der Katholischen Fachschule für Sozialwesen St. Helena und ist seit vielen Jahren in der Fortbildung für ErzieherInnen und SpielkreisleiterInnen tätig. Darüber hinaus hat sie Lehraufträge an unterschiedlichen Institutionen der Erwachsenenbildung. Als Autorin hat sie bereits zahlreiche spiel- und kunstpädagogische Bücher veröffentlicht.

## Die Illustratorin

**Kasia Sander,** geboren 1964 in Gdynia (Polen), studierte an der Danziger Kunstakademie und machte 1993 ihr Diplom an der Fachhochschule für Design in Münster. Seitdem illustriert die Grafikdesignerin Bücher für diverse Verlage (Arena, Ökotopia, Schneider u.a.) und arbeitet seit 2000 als Karikaturistin für die *Recklinghauser Zeitung*. Darüber hinaus leitet sie Workshops in Ölmalerei und Zeichnung. Kasia Sander hat ihre Werke mehrfach in Gemeinschafts- und Einzelausstellungen präsentiert. Für den Ökotopia Verlag hat Kasia Sander schon viele Bücher illustriert, zuletzt *Wetterfühlungen*, 2006; *Professor Kleinsteins Experimentier-Werkstatt für Kinder*, 2006; *Die Gemüsedetektive*, 2007.

# Ökotopia Verlag und Versand

Der Fachverlag für gruppen- und spielpädagogische Materialien

Bewegungsspiele, Brettspiele, kooperative Spiele, Spiele in Gruppen, Lernspiele

Fordern Sie unser kostenloses Programm an:

**Ökotopia Verlag**
Hafenweg 26a · D-48155 Münster
Tel.: (02 51) 48 19 80 · Fax: 4 81 98 29
E-Mail: info@oekotopia-verlag.de

Besuchen Sie unsere Homepage! Genießen Sie dort unsere Hörproben!

http://www.oekotopia-verlag.de
und www.weltmusik-fuer-kinder.de

---

Gisela Mühlenberg
**Kritzeln, Schnipseln, Klecksen**
Erste Erfahrungen mit Farbe, Schere und Papier und lustige Ideen zum Basteln mit Kindern ab 2 Jahren
ISBN: 978-3-925169-96-0

Sybille Günther
**Das Zauberlicht**
Schwarzes Theater, Spiele und Aktionen mit Kindern
ISBN: 978-3-931902-50-6

Elke Gulden, Bettina Scheer
**Singzwerge & Krabbelmäuse**
Frühkindliche Entwicklung musikalisch fördern mit Liedern, Reimen, Bewegungs- und Tanzspielen für zu Hause, für Eltern-Kind-Gruppen, Musikgarten und Krippen
ISBN (Buch): 978-3-936286-36-6
ISBN (CD): 978-3-936286-37-3

Wiebke Kemper
**Rasselschwein & Glöckchenschaf**
Mit Orff-Instrumenten im Kinder- und Musikgarten spielerisch musizieren - für Kinder ab 2
ISBN (Buch): 978-3-936286-17-5
ISBN (CD): 978-3-936286-18-2

Mathilda F. Hohberger, Jule Ehlers-Juhle
**Klangfarben & Farbtöne**
Farben mit allen Sinnen erleben mit Liedern, Spielen, Klanggeschichten und Gestaltungsideen
ISBN (Buch): 978-3-936286-70-0
ISBN (CD): 978-3-936286-71-7

Jakobine Wierz
**Knallbunt im Formenrausch**
Kinder malen, sprayen, reißen, zeichnen, drucken und gestalten wie farbenfrohe Künstler
ISBN: 978-3-86702-041-1

Jakobine Wierz
**Große Kunst in Kinderhand**
Farben und Formen großer Meister spielerisch mit allen Sinnen erleben
ISBN: 978-3-931902-56-8

Jakobine Wierz
**Vom Kritzel-Kratzel zur Farbexplosion**
Kindliche Mal- und Gestaltungsfreude verstehen und fördern – mit zahlreichen praktischen Anregungen von 2 bis 10 Jahren
ISBN: 978-3-936286-42-7

Gerd Grüneisl
**Kunst & Krempel**
Phantastische Ideen für kreatives Gestalten mit Kindern, Jugendlichen und Erwachsenen
ISBN: 978-3-931902-14-8

Jakobine Wierz
**Spiel doch mit den Schmuddelkindern**
Matschen, Schmieren, Spielen und Gestalten mit verschiedenen Materialien
ISBN: 978-3-931902-92-6

Jakobine Wierz
**Kinder treffen Mona Lisa**
Die Kunst großer Meister der Renaissance spielerisch erleben
ISBN: 978-3-93628-43-4

Gisela Walter
**Von Kindern selbstgemacht**
Allererstes Basteln mit Lust, Spiel und Spaß im Kindergarten und zu Hause
ISBN: 978-3-931902-84-1